Tak-tak, nie-nie

Ojciec Tadeusz Rydzyk CSsR

Tak-tak, nie-nie

z Założycielem
Radia Maryja
rozmawia
dr Stanisław Krajski

Tekst nie autoryzowany

Wydawnictwo Sióstr Loretanek
Warszawa 2002

Zdjęcia na okładce

Arturo Mari

Archiwum Radia Maryja

Opracowanie graficzne i projekt okładki

Krzysztof R. Jaśkiewicz

ISBN 83-7257-097-3

Drukarnia Loretańska

ul. L. Żeligowskiego 16/20

04-476 Warszawa Rembertów

Od redakcji

Rozmowy zapisane na tych stronach trwały parę lat, często niemal w biegu, są więc niezaplanowane. Dobrze jednak, że ukazują się drukiem, i to w czasie niebywałego dotąd ataku na Radio Maryja. Pytanie: Co to Radio robi złego? Czy może to, że katechizuje, broni życia człowieka od poczęcia do naturalnej śmierci? Czy to, iż mówi, by nie sprzedawać, nie rozkradać Polski i nie doprowadzać do nędzy ludzi? Czy to, że broni rodziny? Że broni przed deprawowaniem narodu, w tym dzieci i młodzieży? A może jest złe to, że budzi myślenie i odpowiedzialność za Kościół, za Ojczyznę? A może to, że jest pierwszym w Polsce medium interaktywnym – środkiem społecznego komunikowania, który uczy dialogu, by liczyły się siła argumentu wiary, prawdy, miłości i poszanowanie godności osoby ludzkiej, godności Polaka. A może przyczyną ataku jest obrona dobrego imienia Ojca Świętego, biskupów, duchowieństwa, dobrego imienia ludzi wierzących?

Sterujący tymi zmasowanymi atakami w Polsce i w świecie mówią niejako, że wytrzymaliby istnienie tego Radia, ale bez jego Założyciela. Ale jakie byłoby to Radio bez jego czuwania nad nim, bez jego charyzmatu? Pewnie niejeden ze sterujących tymi atakami szuka jakiegoś miłego, „przygotowanego" na to miejsce wasala. Są przeciw Założycielowi Radia Maryja „wielcy gniewni", którzy rzucają gromy nie z powodów religijnych czy patriotycznych. Jak to wytłumaczyć? Nie ma jednak racjonalnej odpowiedzi. Gdzie jej zatem szukać? Być może gdzieś w szafach pancernych antyewangelizacyjnych i antypolskich central z napisem: „ściśle tajne".

W tej sytuacji pozostaje gorąca modlitwa i ufność do Patronki tego Radia. Pozostaje nieustanny Różaniec z prośbą, by Niepokalana starła głowę węża, a wtedy zapanują: pokój, sprawiedliwość, miłość i radość w Duchu Świętym.

O Maryjo bez grzechu poczęta, módl się za tymi, którzy się do Ciebie nie uciekają, a zwłaszcza za nieprzyjaciółmi Kościoła świętego, także Radia Maryja, i za poleconymi Tobie.

Słowo wstępne

To były bardzo trudne i faktycznie wciąż niedokończone rozmowy. Ojciec Tadeusz Rydzyk, dyrektor Radia Maryja, jest – jak sądzę – jednym z najbardziej zapracowanych ludzi na świecie. Byłem tego świadkiem. Gdy zaproponowano mi przeprowadzenie z nim wywiadu-rzeki, myślałem, że wystarczy kilka tygodni. To teoria. A jaka była praktyka?

Spotykaliśmy się prawie dwa lata. Przerwy pomiędzy poszczególnymi spotkaniami trwały nieraz i kilka miesięcy. Ojciec po prostu nie miał czasu. Zawsze było coś ważnego, nie cierpiącego zwłoki. Niekiedy przez kilka miesięcy Ojciec nie mógł wygospodarować nawet godziny. Gdy przychodził dzień spotkania i zjawiałem się w Toruniu, wiedziałem, że muszę uzbroić się w cierpliwość. Zawsze mogło coś „wyskoczyć": jakaś ważna sprawa, coś, co trzeba było natychmiast rozstrzygnąć, ktoś, z kim „na chwilę", „w przelocie" trzeba było się spotkać.

Te nasze wszystkie rozmowy bardzo utrudniała pokora Ojca. Nie chciał mówić. Twierdził, że to, co mówi, jest takie oczywiste, nieciekawe, mało ważne. Musiałem go przekonywać, że tak nie jest. Dobrze jeszcze było, gdy prowadziliśmy rozmowę w samochodzie i ktoś z nami jechał, jakiś profesor. Wtedy odwoływałem się do niego. Wspomagał mnie i przekonywał Ojca: „Trzeba wydać tę książkę. To jest ważne, co Ojciec mówi".

Najspokojniejsze, najrzadziej przerywane były właśnie rozmowy w samochodzie. Przejechałem z Ojcem pół Polski. O każdej porze roku. W jednym z rozdziałów Ojciec odwołuje się do pięknego zimowego krajobrazu, który widzieliśmy za oknem. Bywało też, że przyszło nam jechać podczas ulewnego deszczu. Czasami gdzieś zajeżdżaliśmy po drodze. Tak między innymi poznałem Madzię Buczek.

Są różne techniki tworzenia wywiadu-rzeki. Często ten, kto go przeprowadza, ma gotowe, zapisane, przemyślane pytania. Próbowałem tego na początku naszych rozmów, ale to się nie udawało. To Ojciec nadawał ton i kierunek rozmowie. Ja tylko mogłem podsuwać temat, zadawać pytania najbardziej ogólne. Potem podążałem za Ojcem, dopytując go w miarę, jak rozmowa zmierzała w określonym kierunku.

Poniższy tekst jest dokumentem, dokumentem dla Radia Maryja, dokumentem dla Polski, dokumentem epoki. Myślę, że to dokument ważny, z którego skorzystają również przyszłe pokolenia.

Stanisław Krajski

Rozdział I

Kochać Boga
to przyjąć Go całkowicie

Jak mamy kochać Boga?

To trudne pytanie. Kochać Boga to przyjąć Go całkowicie i rzeczywiście. To podporządkować Mu całe swoje życie. Chcieć być z Nim. Ale przedtem trzeba doświadczyć Jego miłości. Bóg jest Miłością i ta Miłość nie jest kochana. Było dwunastu apostołów, a tylko jeden został pod krzyżem. Zastanawiam się często, dlaczego on tam wytrwał wraz z niewiastami. Myślę, że powód został ukazany w czasie Ostatniej Wieczerzy. Jan przytulił się do piersi Jezusa. On po prostu kochał. Niewiasty pod krzyżem też zostały, bo kochały. Chrystus nie wołał niewiast. One, kierując się swoją miłością, poszły za Nim. Myślę, że to miłość pomogła im zostać pod krzyżem. Janowi, Matce Najświętszej i pozostałym niewiastom. Dla mnie więc kochać, to być cały czas przy Jezusie. Oczywiście temu mogą towarzyszyć i emocje, można doświadczać miłości emocjonalnej, mogą być również i noce duchowe i wydaje się wtedy nam, jakby Pana Boga nie było… A jednak właśnie wtedy miłość poznaje się po uczynkach.

Kiedy chłopak kocha dziewczynę, ma to wpływ na całe jego życie, na wszystko. Dzieje się tak, jeżeli jest naprawdę zakochany. Jak to jest z tą Ojca miłością do Boga?

Jak jest z moją miłością do Pana Boga? Boję się mówić, że kocham Pana Boga. Ja zawsze Mu mówię:

„Chciałbym Cię kochać". I wiem, że nigdy nie kocham Go tak, jak powinienem. Może to dziwnie zabrzmi, ale rzadko mówię Bogu – kocham Cię. Często powtarzam: „Zobacz, jaka nędzna jest moja miłość. Chciałbym Cię lepiej kochać". Ta miłość wpływa na całe życie. Całe życie jest jej podporządkowane. Dlatego, między innymi, zostałem księdzem. A właściwie tylko dlatego. Miłość do Pana Boga. Fakt, że kochamy Pana Boga, nie znaczy, że ta miłość jest doskonała.

Chciałbym z każdym dniem lepiej i chciałbym więcej kochać. To miłość sprawia, że wstaję z łóżka i służę ludziom, staram się być zjednoczony z Panem Bogiem cały dzień. Nawet jeżeli spotykam się z ludźmi, to mam świadomość życia w Bożej obecności. On jest przy mnie, gdy mówię do ludzi, uśmiecham się do nich, gdy z nimi się śmieję… Czasami mówię jakieś tam głupstwa po to, żeby oni się uśmiechnęli, żeby ich trochę rozładować, żeby te stresy puściły, ale myślę: „Widzisz ich, Panie Jezu. Weź ich i poprowadź, przemień ich, ulecz ich te wszystkie zranienia". Tak właśnie wyraziłbym miłość. I to właściwie wszystko.

Gdyby nie miłość Pana Boga, to pewno nie byłbym księdzem i z Radiem Maryja bym sobie nie poradził. Pewnie dawno odszedłbym z niego, bo to jest tak trudne dzieło. Nie myślę tu tylko o wysiłku fizycznym czy psychicznym. Chodzi mi tu o aspekt związany z sytuacją konkretnego człowieka, z sytuacją Polski. Chodzi mi też o sytuację niezrozumienia przez wielu ludzi zasadniczych spraw. Patrzę na ludzi przez pryzmat wiary i mówię sobie: trzeba ludzi kochać. Chrystus też ich kochał.

Jeżeli więc kochamy Boga, to chcemy robić to, czego On chce. Czego jednak On chce? W tej sprawie toczy się w Kościele wielka dyskusja. Są z jednej strony tacy, którzy sugerują, że świetnie wiedzą, czego chce Pan Bóg. To jednak, co proponują, jest dla innych, także chyba dla Ojca, nie do zaakceptowania. Z drugiej strony Ojciec też powie, że wie, czego Pan Bóg chce od Ojca. Przecież wszystko, co Ojciec robi, robi Ojciec dla Pana Boga. Jak zatem próbuje Ojciec odczytać te życzenia Boże?

Po pierwsze. Kiedy się Pana Boga kocha, to chce się nie tylko robić to, co Bóg chce. To chce się nie tylko wypełniać Jego wolę. Ja się wciąż jeszcze pytam – co mógłbym lepiej zrobić? Jak mógłbym jeszcze bardziej kochać Boga? Pytam się o to, co robię niedobrego? Co jest niedobrego we mnie? Pytam się po prostu Pana Jezusa, czy to, co robię, jest Jego wolą. Zwłaszcza, gdy są sytuacje trudne, jeżeli jest sprzeciw wobec tego, co chcielibyśmy robić, czy wobec tego, co robimy, sprzeciw wobec Radia Maryja.

Na przykładzie Radia Maryja można mówić o różnych trudnych życiowych sytuacjach. Myślę, że w życiu każdego człowieka są takie sytuacje, w których się pytamy, czy Pan Bóg tego chce, czy Kościół tego chce, czy to jest wola Boża. Ja też po prostu się pytam. Pytam się najpierw na modlitwie. Klękam i mówię o tej sytuacji. Pytam się innych i o tej sytuacji rozmawiamy. Pytam się, czy ja dobrze odczytuję wolę Bożą. Pytam się wreszcie ludzi Kościoła, którzy są za Kościół odpowiedzialni. Pytam się, czy moja działalność mieści się w nauce Kościoła. Patrzę na świętych, patrzę na Chrystusa, któremu się sprzeciwiali, który nie był przyjmowany.

Patrzę zatem na świętych i pytam. Patrzę na ojca Maksymiliana Kolbe, na księdza Jerzego Popiełuszkę. Patrzę na nich i pytam ludzi Kościoła. Pytam się biskupów. Dla mnie jest to bardzo ważne, co oni mówią w tych rozmowach osobistych. Mówimy o sytuacji Kościoła, o sytuacji świata, mówimy o sytuacji Polski. Dla mnie jest ważne to, co mówią i przełożeni, i ważny jest dla mnie dialog z nimi. Dialog – tu się liczy zarówno siła argumentu, jak i wsłuchiwanie się. Dlatego rozmawiam i ze współbraćmi, i z najbliższymi współpracownikami, z moimi współbraćmi redemptorystami, z przełożonymi, i, jak mówiłem, z biskupami.

Muszę powiedzieć, że w tych najtrudniejszych sytuacjach właśnie biskupi mówili: „nie wolno ci zrezygnować" – i wskazywali drogę, jak iść. To są rozmowy bardzo często osobiste. To nie jest jeden biskup. To jest wielu biskupów, różnych.

Jeszcze jedno, staram się nie mówić, z kim rozmawiałem i kiedy. Dlatego mówię – powinno się mieć zmysł Kościoła, powinno się słuchać Kościoła. Co Kościół czuje w tym świecie? Jak się toczą jego losy? I tu gdzieś jest ta nasza odpowiedź, aby iść tak a nie inaczej. Nie znaczy to, że nie robimy błędów. Jeżeli je jednak popełniamy, to je korygujemy. Myślę, że to nie są duże błędy. Myślę, że są to błędy takie ludzkie, wynikające ze zmęczenia, zbyt szybkiej reakcji, a więc reakcji nie do końca przemyślanej.

No dobrze. Ale są i tacy, którzy mówią: my też słuchamy woli Bożej, a Bóg nam wskazuje drogę zupełnie w przeciwnym kierunku niż Ojcu Rydzykowi. Co im na to odpowiedzieć?

Każdy jest innym człowiekiem, każdy ma inne zadania. Pierwsze i najważniejsze z nich: to zachowywać przykazania Boże – dziesięć przykazań Bożych i dwa przykazania miłości. Potem zachowywać pięć przykazań kościelnych. One są bardzo jasne. Ksiądz arcybiskup Ignacy Tokarczuk mówił tak: „Trzeba mieć wiarę, morale i dyszel w głowie". Chodzi tu o roztropność i o to, żeby nie mieć tzw. przetrąconego kręgosłupa. Trzeba słuchać Kościoła, słuchać jego nauki. Czyjeś opinie, to nie jest nauka Kościoła, nawet jeżeli byłby to, wydawałoby się, człowiek Kościoła.

A może ta różnica polega na tym, że jedni traktują chrześcijaństwo wybiórczo, tak jak im pasuje, a inni starają się być wierni Bogu we wszystkim? Są też tacy, którzy uważają, że być katolikiem to po prostu tylko wypełniać przykazania Boże. My zaś jako katolicy wiemy również to, że Królem świata jest Jezus Chrystus, że wszystko, całe nasze życie, każde nasze działanie musi z tego wynikać.

Mamy naśladować Pana Boga, słuchać Go. A jeżeli tak, to trzeba też pamiętać, że Bóg jest Panem, że od Niego wyszliśmy i do Niego zdążamy. Idąc przez tę ziemię, mamy doskonalić się. „Czyńcie sobie ziemię poddaną, rozwijajcie się" – mówi Bóg. To jest wszystko bardzo jasne. Tu nie ma miejsca na deizm. My nie wyznajemy deizmu. Pan Bóg jest tuż przy nas, z nami. Dla Niego żyjemy, w Nim żyjemy, w Nim się poruszamy, w Nim jesteśmy. I tak powinno wyglądać całe nasze życie. Wszystko powinno być Panu Bogu podporządkowane. On jest przecież Panem.

> Tak więc wszędzie: a zatem i w gospodarce, i w polityce, choć nie wszyscy chcą to uznać, powinniśmy się poddawać woli Bożej?

Tak, to oczywiste.

> Jest coś, co mnie bardzo uderzyło w wypowiedzi Ojca, coś, czego korzenie odnajduję u św. Alfonsa Marii Liguoriego. Ten święty powiedział kiedyś tak: Możecie zachowywać się w dwojaki sposób. Po pierwsze, robić to, co się Panu Bogu podoba i to jest zwykłe życie chrześcijańskie. Po drugie, możecie też robić to, co się Panu Bogu bardziej podoba i to jest dążenie do świętości. Z tego, co Ojciec mówi, wynika, że pragnie Ojciec być świętym.

Myślę, że to jest za wiele powiedziane, ale chciałbym, jeżeli Pan Bóg sobie ze mną poradzi. Jestem bardzo małym człowiekiem. Wiem też, coraz bardziej tego doświadczam, że On wszystko w nas czyni. To jest taka moja filozofia, takie moje widzenie. Oczywiście my mamy Panu Bogu mówić tylko: „tak". Jeżeli Go chcę kochać, jeżeli Go kocham. Nie można żyć bez miłości. Chcę więc tego. To jest konsekwencja mówienia „tak" samemu Bogu... Nie wyobrażam sobie, żeby ludzie tego nie chcieli. Kto nie chce miłości? Czy można bez niej żyć? Ludzie się jednak boją powiedzieć: „Chcę być święty", bo my mamy takie wypaczone pojęcie świętości. A świętość to dla mnie miłość.

> Już widzę, jak „Gazeta Wyborcza" to komentuje: Oj-
> ciec Rydzyk powiedział: „Chcę być świętym", to zna-
> czy, że jest pyszny.

To jest logika zachowywania przykazań. Nie ma tu miejsca na minimalizm, że tego grzechu nie popełnię, ale ten mogę. Widzę swoje słabości i widzę swoje upadki. Chrystus to widzi jasno. Muszę żyć przed Nim w prawdzie. Ale to wezwanie do świętości kierowane jest do wszystkich. Wszystkich Pan Bóg do tego wzywa. „Tak Bóg umiłował świat, że Syna swego Jedno-rodzonego dał" – powiedział Pan Jezus (J 3, 16). Tak, Bóg bezgranicznie miłuje. Czy można być Judaszem? Czy można to wszystko sprzedać? Czy można się za-przeć? Czy można uciec, jak uciekali uczniowie? Wy-daje mi się, że trzeba tak się modlić, tak jakoś prosić o tę gorącą miłość, żeby trwać jak Jan, jak Maryja, jak niewiasty pod krzyżem. W każdej sytuacji Maryja mó-wiła Panu Bogu: „tak", mówiła: „fiat". I w Nazarecie, i kiedy Jezus szedł przez ziemię, i to samo mówiła pod krzyżem, i mówiła przy zesłaniu Ducha Świętego, i Ona też jest cały czas obecna z nami.

Konsekwencją tego „fiat" było ukoronowanie. Nie tylko wniebowzięcie, ale ukoronowanie na Królową nie-ba i ziemi. I to jest nasza droga: mówić zwykłe: „tak". I każdy do tego jest wezwany. Każdy może mówić: „tak". Każdy powinien powiedzieć: „tak". Jak może być inaczej? Patrzę na takich pięknych młodych ludzi. Oni tak filozofują. Gdzieś chodzą bocznymi drogami i tak tracą energię. Mówię: powiedz Panu Bogu „tak" i za-cznij się modlić o ten ogień w sobie, a On cię tak po-prowadzi, że aż się zadziwisz, ile On zrobi w tobie i z tobą. Albo np. patrzę na rodziców czy na babcie, czy dziadziusiów i widzę to samo. Widzę to w każdej sytuacji: czy w życiu księdza, czy w życiu jakichś uczonych, czy nawet teologów. Zdarzają się i tacy wśród nich, co nazbyt mędrkują, a powinni być filozofami, teologami, a nie mędrkami. Prawda? I podobnie w życiu każdego z nas to jest także bardzo proste. Są przecież przykazania. To nie są nakazy czy zakazy. Przykazania są jak znaki drogowe na drodze, której na imię: Miłość. Nie kradnij, człowieku, widzisz, jakie są tego konsekwencje. Miłuj, miłuj i raz jeszcze: miłuj! To wszystko bardzo proste. Uwieńczeniem tego jest piękno. Na przykład: taki ktoś, kto chce miłować, on będzie piękny. On kocha piękno. I to piękno będzie się odbijało i w życiu politycznym. I będą wtedy: kultura i szlachetność. To będzie coś pociągającego. To jest właśnie to, do czego ludzie tęsknią. Inaczej ogarnie nas chamstwo… I to będzie coś potwornego. To piekło, brud, dziadostwo. Jeśli jednak człowiek kocha, wszystko będzie piękne. Miłość bowiem promieniuje na wszystko, na codzienność.

Wróciłbym jeszcze do tego pytania – co powinniśmy robić dla Boga? Św. Tomasz z Akwinu mówi, że kochać, to znaczy chcieć dla kogoś dobra. Mówi, że to jest proste między ludźmi, natomiast w odniesieniu do Boga jest o tyle trudniejsze, że Bóg już wszelkie dobro posiada. Kochać Boga, znaczy zatem chcieć tego, czego chce Bóg. Bóg nas kocha, to znaczy, chce dla nas dobra, a więc chce dla nas siebie. Jeżeli my Go kochamy, chcemy tego, co On, czyli chcemy, żeby po prostu człowiek zjednoczył się z Panem Bogiem. Czy właśnie tak to Ojciec rozumie i czy Ojciec stara się to realizować również przez Radio Maryja?

Ładnie to pan powiedział. Ja wiem jedno, że Pan Bóg po prostu okazuje mi łaskę, obdarzając miłością. Ja wiem, że Mu nigdy doskonale nie odpowiem na tę miłość. Mówię więc: daj mi odpowiedzieć na tę miłość, bo ta Twoja miłość jest tak wielka, że nie mogę Tobie powiedzieć: nie. Innymi słowy: ja tylko modlę się o to, żebym mógł to uczynić, żeby On mnie wziął. „Weź mnie – błagam – w swoje ręce, nieś mnie, bo ja niewiele mogę…" Czynię zatem wysiłki, ale to jest Jego dar, żeby to nie tylko pojąć, ale i chcieć. Zresztą, wszystko mogę w Nim. I tylko w Nim…

W jaki sposób w Ojcu to się dokonuje?

To są bardzo osobiste sprawy i o to pyta kapłan na spowiedzi. Nie chciałbym mówić o tym, bo o tym mówię wtedy, gdy jestem zupełnie sam na sam przed Najświętszym Sakramentem. Czasami też inne miejsce jest „świadkiem" tego spotkania. Czasem bywa nim mój pokój. Zawsze jednak jestem sam. Fizycznie sam. A nawet, jak są ze mną ludzie, to też staram się być wtedy sam na sam z Bogiem. I wtedy mówię z Nim o tym i słucham.

Ja bym się nie zgodził, że to jest zbyt osobiste pytanie, dlatego, że tak naprawdę wszystkie te pytania są o Radio Maryja i o to, co się w tym Radiu dzieje, a nie tylko o życie wewnętrzne Ojca. Zapytam więc inaczej: czy z tego, o czym mówimy, wyrasta Radio Maryja?

Chyba tak. To jest długa historia. Sięga dzieciństwa, tamtych przeżyć, wychowania i doświadczeń, które nabyłem, będąc z innymi. To mi inni przekazali: najbliżsi, znajomi, rodzina, rodzice, ludzie spotykani na drodze życia. Ja jakoś tak wzrastałem i to jest cała historia. I tak to rosło. To coś, o czym nieustannie marzę... To było moim marzeniem także kiedyś. „Chryste – myślałem – jeżeli umarłeś za wszystkich, jeżeli Ty tak wszystkich kochasz, to dlaczego wszyscy o Tobie nie mówią? Ja słyszę tylko – mówiłem sobie jako dziecko – jak ksiądz mówi o tym w kościele i nie wszystkie kazania mi się podobają. Na niektórych nudzę się. Wszystkiego nie pojmuję. Przecież Ty jesteś tutaj". Tak stałem w dzieciństwie z boku ołtarza i patrzyłem, jak Msza święta się odprawia i to, co mi inni przekazali, starałem się jakoś pojąć, jakoś sobą ogarnąć. I to było we mnie cały czas. Wszyscy – myślałem często – powinni mówić o Chrystusie, wszyscy powinni mówić o tej miłości. O tej miłości nie wolno milczeć, bo to jest tak, jakbym ją odpychał. I miałem też takie marzenie. „Uczyń z Polski taki naród, nie tylko, żeby Cię kochał – prosiłem – ale żeby Ci był posłuszny, żeby wołał o tej miłości...".

Była taka piosenka kiedyś, nie pamiętam, kto ją śpiewał. Chyba byłem dzieciakiem, gdy ją słyszałem: „Wszystko mówi mi o twojej miłości". Ale to chodziło o miłość ludzką. Mówiłem więc sobie: „Boże, wszystko mówi mi o Twojej miłości. I świat cały, i stworzenie, i to, że podtrzymujesz to stworzenie. I Twoja cierpliwość do człowieka, i nawet ci ludzie źli mówią mi o Twojej miłości, o Twoim miłosierdziu. Wszystko o twojej miłości mi mówi. Wszystko. I te niesamowite ludzkie osiągnięcia, i myśl ludzka, i różne ludzkie dzieła. Wszystko to mówi mi o Twojej miłości. A my o Twojej miłości nie mówimy…". To jest coś nienormalnego – myślałem.

Patrzę na Polskę. Takie doświadczenie – tysiąc lat z Chrystusem. Tyle łask, których doświadczyliśmy, łącznie z Ojcem Świętym, i jakbyśmy rozumu nie mieli, jakbyśmy oczu nie mieli. Z tego powodu też powstało Radio. Marzyłem o centrum ewangelizacji, żeby ludzie się pogłębiali. Jak seminarium jest dla wychowania przyszłych księży, tak miało zrodzić się coś na wzór takiego seminarium. Takie centrum dla ewangelizacji, do którego mogliby wszyscy przyjeżdżać w piątek, sobotę, niedzielę i żeby w nim można było kształcić takich świeckich uczniów Chrystusa. „Boże – prosiłem na modlitwie – żeby ludzie mówili o tej miłości, co wciąż nie jest dość kochana". I gdzieś stąd wyszło Radio. Stąd, że ludzie nie mówią o tej jedynej miłości, o której powinni mówić i przed którą nie powinni uciekać.

Na podsumowanie tej części rozmowy można by zatem powiedzieć tak: każde działanie Ojca i Radia Maryja zmierza do tego, by…

Żeby Pan Bóg był naszym Panem i byśmy pamiętali, że On jest Miłością… A jeżeli jest miłość, to musi być i prawda, uporządkowanie w prawdzie.

Można powiedzieć tak, że i poza Kościołem Ojca nie rozumieją i niektórzy w Kościele Ojca nie rozumieją, bo nie rozumieją już dzisiaj tej podstawowej zasady chrześcijańskiej, że dla Boga jest wszystko i że „mieszanie się w politykę" to nie jest polityczne działanie, tylko to jest po prostu…

Służenie ludziom. Gdy wszystko jest przeniknięte tą miłością, to wtedy jest porządek. Ale też przecież jesteśmy na tym świecie chwilowo. Idziemy przez tę ziemię, nie obok tej ziemi. Nie możemy także iść obok człowieka i obok spraw człowieka. Polityka to jest sprawa społeczna, to troska o wspólne dobro nas wszystkich. Polityka to jest służenie temu dobru.

Rozdział II

Ona jest moją Matką

Czy Ojciec kocha Matkę Bożą?

Znowu dotyka Pan bardzo osobistych spraw. Czy pan często komuś mówi: „kocham cię", jeżeli pan kogoś bardzo kocha? Czy pan mówi o tym innym? To jest bardzo osobiste, nie dlatego, żeby się wstydzić tego, że się kocha, tylko że wyrażanie słowem tego, co najbardziej cenne, niejako to coś zubaża.

Ale z tych osobistych spraw wyrasta Radio Maryja i pewna jego codzienna praktyka. A wówczas te sprawy już przestają być osobiste. Ojciec tak jak politycy nie ma już prywatnego życia. Zatem czy Radio Maryja wyrasta z miłości do Matki Bożej?

To jest Jej radio i my chcemy Jej służyć. Równocześnie Jej bardzo potrzebujemy, bo bez Niej byśmy nie dali rady. Wiemy, że Ona przez tę ziemię prowadzi nas w sposób pewny i najszybciej do Chrystusa, do Pana Boga i do wszystkich ludzi.

W dzisiejszych czasach wielu jest takich, którzy mówią: po co nam Matka Boża? Mamy przecież Pana Boga. Co to znaczy zatem kochać dziś Matkę Bożą?

Przede wszystkim gdybyśmy Jej nie kochali, to byśmy nie byli wierni Panu Bogu. Pan Bóg nam Ją dał. Chrystus, Boży Syn, powiedział: „To jest Matka twoja". Powiedziałbym tak: nie mogę Jej opuścić i nie mogę Jej nie przyjąć do mojego życia. Ona jest moją Matką. A ja jestem Jej dzieckiem. To jest takie proste. Dlaczego wszyscy tego nie rozumieją? Powiedziałbym też, że jeżeli coś robię dla Niej, robię to dla Niej po to, aby ona to wzięła i zaniosła Panu Bogu.

Ale dlaczego swego daru nie zanosimy wprost do Pana Boga?

Mogę i bezpośrednio ofiarować coś dla Pana Boga, ale Pan Bóg pomyślał tak i tak to zaplanował, że dał nam Matkę. Chrystus bowiem na krzyżu powiedział, patrząc na nas z jego wysokości: Niewiasto, oto syn twój, Matko, oto syn twój. Synu, oto Matka twoja (por. J 19, 26n). Tak powiedział i jak można tego nie przyjąć? Powiem panu, że kiedyś w Niemczech poznałem pewną grupę modlitewną. Było to w dużym mieście, liczącym 700 tysięcy mieszkańców. Na spotkania tej grupy czasem przychodziło 14 osób, a 20 osób to już był tłum. To byli ludzie o wielkim duchu, żyjący modlitwą, z niej czerpiący moc do życia. Po prostu uczniowie Chrystusa. I przyjechał tam kiedyś jeden ksiądz i mówi do nich: „Wiecie co, może przyjęlibyście matkę z synem na mieszkanie?". Oni zaczęli się naradzać i po chwili powiedzieli – tak. Za parę godzin przyjeżdża do nich ten ksiądz, a oni widzą, że oprócz niego nie ma nikogo w samochodzie. Wtedy on wyciąga obraz i mówi: „To jest Matka z Synem. Proszę, niech Ona zostanie u was".

My przyjmujemy Maryję, ale Maryja daje nam Syna i Ona nas prowadzi do Syna, a On prowadzi nas do Ojca i to jest wszystko bardzo proste. Ona daje nam Syna, jakby chciała powiedzieć: patrzcie, wy przychodzicie do mnie, a ja wam daję kogoś o wiele piękniejszego. Popatrzcie na Niego, Światło świata. W ogóle myślę, że to jest jakieś nieporozumienie, to odrzucanie Matki Najświętszej. Zresztą Radio Maryja powstało też właśnie dlatego, że doświadczyłem odrzucenia Matki Najświętszej w Niemczech, i to wśród niemieckich katolików, wśród niemieckich duchownych. Przeżyłem tam tragedię. Pamiętam, skarżyli się wierni, że ksiądz wyrzucił z kościoła ludzi modlących się na różańcu. Doktor biblistyki wypychał wprost tych ludzi z kościoła. Było to kilkanaście osób. A on zakazał im modlić się na różańcu, a statuę Niepokalanej wrzucił do stawu. Byłem zszokowany. I zupełnie to nie przystawało do tego naszego doświadczenia Kościoła, do Jana Pawła II, jego „Totus tuus" – cały Twój, do kardynała Wyszyńskiego, do ojca Maksymiliana, do naszej religijności, do tego, w czym ja też byłem wychowany: Kalwaria Zebrzydowska, Częstochowa, nabożeństwa majowe. W moim życiu zawsze była Maryja. Ona zawsze była Matką. Przecież w każdej rodzinie musi być matka. Myślę, że Kościół na Zachodzie jest chory, bo odrzucił Matkę. Jest dogmat ogłoszony na Soborze w Efezie, gdzie wprost nazwano Maryję Matką Boga, gdyż Maryja prawdziwie stała się Matką Osoby Boskiej – Chrystusa.

Czy Ojciec nie uważa, że z tego, iż często nie pamięta się o tym dogmacie, biorą się te wszystkie problemy?

To jest chyba niedouczenie. Za brakiem świadomości idzie brak poruszenia serc. Najpierw więc trzeba mieć rozum, zdrowy rozum. A wtedy i serce będzie odpowiednio pracowało.

Nie tylko jednak ta prawda o Maryi ma trudną drogę do wielu serc, ale i choćby ten fakt, że Matka Boża jest Królową Polski.

Pamiętajmy, że Pan Bóg każdego prowadzi w sposób indywidualny, każdego inaczej. Do każdego jakby osobno mówi, osobno przychodzi. I tak samo Bóg traktuje inaczej każdy naród. Każdy ma ten sam Kościół. Każdy ma tego samego Boga. Jednak z narodami jest jak z dziećmi. Każde zaś dziecko jest trochę inaczej wychowywane, inaczej prowadzone, bo czegoś innego potrzebuje. Pan Bóg jest dobrym pedagogiem. Przecież wie dobrze, jak nas prowadzić i czego Polska potrzebuje. Polska potrzebuje Boga i Maryi. My przecież od samego początku jesteśmy z Maryją. Pierwszy kościół na naszych ziemiach, w Gnieźnie był pod wezwaniem Matki Najświętszej. Kiedyś wyczytałem, że był on bardzo mały. Miał 12 metrów kwadratowych. Był tam tylko krzyż i wizerunek Maryi. Tak jak na Kalwarii. A później był poeta, co mówił: „Tylko pod tym krzyżem, tylko pod tym znakiem Polska jest Polską, a Polak Polakiem". I Maryja cały czas była wśród nas obecna. A później były te trudne chwile dla Polski. Wtedy myśmy wyznawali, że jesteśmy Jej rycerzami i poddanymi. A król Jan Kazimierz w imieniu narodu mówił: „Jesteś Królową". Po czym zdjął koronę i dał ją Maryi. Od tamtego wydarzenia jest naszą Królową, a Królowa potrzebuje wojska. To proste, jak i to, że tą Królową jest do dzisiaj. Królową Polski…

Jest Jasna Góra. Widziałem wiele sanktuariów w świecie i różne obrazy Maryi. Najbardziej jednak czuję się jak w domu przy Królowej w Częstochowie. To są bardzo osobiste sprawy, wprost bardzo intymne. O tym, co jest w sercu, nie mówię. O tym, nie lubię mówić, bo jakbym ujmował coś z tego piękna, jakbym zubażał całą rzeczywistość…

Ojciec uznaje się zatem za rycerza Matki Bożej, który zajmuje się organizowaniem innych rycerzy, zagrzewaniem ich do walki, do obrony Królowej?

Nie. To jest trochę inaczej. Ja wiem, kim jesteśmy, jakie mamy zadania. Ale wiem także, że jestem bardzo słaby i mówię Maryi: „Chcę być Twoim sługą. Jestem Twoim dzieckiem, bo Tyś tego chciała. I to jest wolą Pana Boga, wolą Twojego Syna, mojego Zbawiciela, mojego Odkupiciela. Daj mi być Twoim sługą, takim najnędzniejszym i posługuj się mną, choć widzisz, jaki jestem…"

Dlaczego ja tutaj użyłem słowa rycerz? Bo można snuć wiele analogii pomiędzy działaniem Ojca Kolbego i Rycerstwa Niepokalanej a działalnością Radia Maryja, Rodziny Radia Maryja. Św. Maksymilian Maria Kolbe określał swoją misję jako „Rycerstwo Niepokalanej". Co więc znaczy być rycerzem Matki Bożej dzisiaj?

Powiedziałbym, że być rycerzem, to bić się o pewne sprawy. Ktoś zaraz powie, że my wzywamy do przemocy. Nie. My mamy walczyć, ale tą naszą bronią będzie miłość i każda inna broń, którą nam podpowie miłość prawdziwa. To nie będzie przemoc. My mamy bić się o sprawy Królowej, a Królowa przecież bije się o sprawy swego Syna, Króla, naszego Odkupiciela.

> Jesteśmy więc rycerzami, a ktoś naszą Królową obraża. Były takie wypadki w Polsce. Jak daleko my, jako Jej rycerze, powinniśmy się posunąć, żeby nie utracić swojego szlachectwa?

Ten, który nie broni honoru swojej Królowej, to nie jest rycerz, tylko to jest jakiś dezerter. Niech ktoś nie mówi, że kocha Matkę Najświętszą, gdy pozwala Ją obrażać. Na to zezwolić nie wolno. Co zatem robić? Na pewno nie używać przemocy w stosunku do drugiego człowieka. Żyjemy w świecie cywilizowanym, a w nim obowiązują pewne zasady i nie wolno sobie pozwalać, by je łamać. Dlatego trzeba nazywać po imieniu to zło i żądać jego ukarania. Nikt nie może pozwolić, by obrażano Pana Boga i Matkę Najświętszą, Krzyż i inne nasze świętości… To jednak, co robią niektórzy, naigrawając się z tego, co nam drogie, to jest po prostu diabelstwo, a my niestety – jakże często – diabłu pozwalamy tak grasować, jak tylko chce.

> Czy nie dlatego, że przez lata uczono nas, że być pokornym, to zmilczeć obelgi i potwarze? Takie przecież gazety, jak: „Gazeta Wyborcza" czy „Trybuna" zarzucają Radiu Maryja właśnie brak pokory i brak posłuszeństwa, bo ono głośno i odważnie nazywa rzeczy po imieniu, bo ono z cienia na światło dobywa prawdę. Robią to też duchowni, którzy są przeciwnikami Radia Maryja.

Na pewno pycha wygaśnie w nas 15 minut po śmierci. Tak mówił chyba św. Franciszek Salezy. Każdy jest jakoś pyszny. Gdy ktoś mówi, że jest pokorny, to już jest pyszny. Kiedyś mówili: pokorne cielę dwie matki ssie. Mnie tak uczyli w domu. Wtedy mówiłem – ja nie chcę ani ssać, ani nie chcę być cielęciem. Jestem człowiekiem. Pokora to jest prawda. Nie ma miłości bez prawdy. Trzeba głosić całą naukę Chrystusa. Chrystus mówi, że kto głosi nieprawdę, będzie w piekle. Nie wolno nam więc nic w niej zmieniać. Stąd dziwię się takim postawom katolików, które wyrażają się w oświadczeniu: „Jestem katolikiem, ale...". Ta zasada tworzy tzw. otwarty Kościół po to, żeby go w ogóle nie było. Kiedyś Pan Jezus powiedział, że „ani jedna jota, ani jedna kreska nie zmieni się w zakonie, aż się wszystko spełni" (por. Mt 5, 18). Nie wolno zatem zmieniać. Tak powiedział sam Chrystus. I myślę, że to jest właśnie pokora. Pokora jest wtedy, gdy wszystko chcę przyjąć tylko od Niego. Bo pokora to jest prawda. Muszę żyć w całej prawdzie. Przecież ja nie głoszę siebie, tylko Jego.

Można więc powiedzieć, że są tacy, którzy żądają, by Ojciec i Radio Maryja byli ulegli wobec świata, ulegli wobec ludzi, a nie pokorni...

Z ręki jeść, być po prostu takim pokornym cielęciem. Jest takie niemieckie przysłowie: głupie cielęta same sobie wybierają rzeźnika. Jesteśmy ludźmi. Pan Bóg nas obdarzył rozumem. Daje nam swoją łaskę, żebyśmy Mu służyli, kochali Go. I to trzeba robić, a nie dostosowywać się do świata. Dostosowanie się do świata to jest kolaborowanie ze złem. Kolaborowanie ze złem jest zawsze wtedy, gdy się nie idzie z Jezusem, za Panem Bogiem.

> Jak więc rozumieć pokorę właściwie? Czym jest ona wobec ludzi, a czym wobec Boga?

Pokora wobec ludzi to jest niewywyższanie siebie. To ukrywanie siebie, uciekanie w cień. To służba Panu Bogu, a nie szukanie siebie. Natomiast pokora wobec Pana Boga to przyjmowanie w całej prawdzie wszystkiego, co On nam przekazuje. Dosłownie wszystkiego. Nie ma tu żadnej dyskusji, żadnego ale. „Tak, tak; nie, nie. A co nadto jest, od złego pochodzi" (Mt 5, 37).

> Św. Maksymilian Kolbe odwoływał się do Matki Bożej między innymi dlatego, że uważał, iż szatan w szczególny sposób się zaktywizował. Widział działanie masonerii, której jednym z narzędzi była „bezbożna prasa". Dostrzegał postępującą demoralizację. Stwierdził, że bez pomocy Matki Bożej katolicy nie dadzą sobie rady. Czy to nie jest tak, że Radio Maryja w taki właśnie sposób odwołuje się do Maryi, bo uznaje, że nasz czas jest czasem szczególnej duchowej i moralnej choroby, która zaczyna dotykać wszystkich wokół, nawet Kościół?

Gdy powstawało Radio, nawet tak nie myślałem. Tylko wiedziałem o jednym, że Ona jest naszą Matką, że Ona najszybciej zaprowadzi nas do Jezusa. I Ona najlepiej zadba o swój Kościół. To było, między innymi, moje szczególne zapatrzenie się w kardynała Wyszyńskiego i Śluby Jasnogórskie. Jako dziecko przeżywałem te śluby i późniejsze ich powtórzenie. To wyniosłem z domu – nabożeństwo do Matki Najświętszej. Pamiętam, że byłem jeszcze chłopakiem, chyba w VII klasie, i ukrywałem, że chcę być księdzem. Bo moja mama powiedziała mi: „Wiesz co, to jest niemożliwe, żebyś ty był księdzem. Jestem niegodna tego, żebyś ty brał chleb do ręki i mówił: «To jest Ciało moje». I by przez ciebie Chrystus przychodził. To jest niemożliwe". Ale później powiedziała: „Wiesz co, dziecko. Módl się do Matki Najświętszej. Ona doprowadzi cię do wszystkiego i do kapłaństwa też, jeżeli to będzie wola Boża. Módl się. Ona będzie zwyciężała w tobie i przez ciebie. Przez Nią wszystko osiągniesz".

W seminarium też uczono mnie nabożeństwa do Matki Najświętszej. W 1981 roku pojechałem z młodzieżą do Gniezna. Tam Ksiądz Prymas, kardynał Stefan Wyszyński, powiedział: „Dzieci Boże, stoi przed wami człowiek stary. Uwierzcie! To zwyciężyła Maryja! Wszystko postawiłem na Maryję! Postawcie na Maryję, Ona zwycięży!". To było niesamowite. To było coś takiego, co wywarło na mnie wielki wpływ…

Może to dziwne, co teraz powiem, oto kiedy mi jest bardzo ciężko, modlę się wprost do Pana Jezusa i do Pana Boga, do Trójcy Przenajświętszej. Ale jeżeli chodzi już o wybłaganie tego, co niemożliwe, to idę do Matki Najświętszej. Jej statua z Fatimy stoi przy tabernakulum w naszej małej radiowej kapliczce. Patrzę więc na tabernakulum. On jest tam żywy i prawdziwy. Ale też mówię: „I Ty jesteś tutaj w tym znaku. Proszę Cię. Powiedz mi, podpowiedz, co robić?" A po chwili: „Jezu, no popatrz się na Matkę, posłuchaj Jej, jak mnie nie chcesz wysłuchać. Matko, powiedz o wszystkim, z czym przychodzę, Jezusowi…".

Tak. „Postawcie na Maryję, Ona zwycięży!". Te słowa Prymasa i to, co przeżyłem w Niemczech, to wszystko razem spowodowało, że uznałem, że trzeba trzymać się Maryi. Tego, co Ona nam mówi. Ona jest mądrzejsza od wszystkich, od wszystkich teologów świata, nawet od tych przemądrzałych holenderskich, którzy Kościół rozłożyli w Holandii. Ona jest mądrzejsza od tych wszystkich, co eksperymentują na ludzkich duszach. Jest mądrzejsza i nie ma dyskusji. Tu nie ustąpię. Koniec. Ona powiedziała, a więc tu jest wszystko jasne. Nie będę tu filozofował. Przepraszam za te słowa: „nie będę filozofował". Nie będę po prostu dyskutował z Jej słowem tak, jak nie będę dyskutował ze słowami Jezusa. Jeśli mówi tak, to tak jest.

Uderzyło mnie jedno zdanie w wypowiedzi Ojca, że Maryja może wszystko. Podczas ostatniej homilii Ojciec powiedział: „To, co trudne, zrób zaraz, to, co niemożliwe – za chwilę". I Radio Maryja wyrosło z realizacji tej zasady. Czy to jest właśnie to, czego codziennie uczy nas Matka Boża?

Tak. Pan Bóg nas tego uczy. Matka Boża nas tego uczy. Tak naprawdę to nie my działamy. My mamy tylko te swoje siły dać, a On resztę zrobi. Wszystko zrobi, jeżeli to jest Jego wolą. A jeżeli nie jest Jego wolą? Ja się ciągle modlę: „Jeżeli nie jest to Twoją wolą, to zrób, żebym tego nie zrobił".

Czyim więc dziełem jest Radio Maryja?

Odpowiedź jest oczywista. Uważam, że to jest wielki dar z nieba i zadanie.

Ale jeśli z nieba, to od kogo?

Pan Bóg daje zawsze przez Maryję. Dlatego Radio Maryja, bo to jest Jej radio. Gdy wchodzi się do Radia, jest statua Matki Bożej Fatimskiej. Tych figur jest tutaj zresztą dużo. Wszystkie od kogoś dostałem i niektórzy się dziwili, że ja przyjmuję tyle figur. Przecież, gdy dają mi taką statuę, jak mogę powiedzieć nie, jak mogę nie przyjąć takiego daru. To przecież byłoby jak zaprzaństwo. To byłoby wiarołomne. To byłoby coś strasznego. Dlatego mówię: „Boże mój, ta cała ziemia, ten kawałek jest Twój. Matko Boża, stań tutaj i pilnuj, żebyśmy nie popsuli wszystkiego. Jak wchodzimy tu do Radia, popatrz na nas, prześwietlij nas. Spraw, żebyśmy do Ciebie należeli. Żebyśmy niczego nie popsuli". Radio jest, powinno być i ono będzie, jeżeli my będziemy słuchać Pana Boga, jeżeli będziemy robić to, co On chce i jeśli nie będziemy mówić, że to jest nasze dzieło. Cóż więc ja robię? Nawet mój jeden krok nie może być bez Pana Boga. To jest Jego krok. To jest wszystko Jego i Matki Bożej. I dlatego Radio Maryja to jest jednocześnie dar, ale i zadanie, żeby odpowiadać Panu Bogu. Żeby mówić Panu Bogu „tak" i włączać się w Jego dzieło.

Bóg nieustannie nam podpowiada. Daje nam swoje natchnienia. Te natchnienia widać nie tylko tu w Radiu, ale widać w całej Polsce, kto te natchnienia odbiera. Dzięki tym natchnieniom: „Zrób to…, zrób to…" dzieje się całe dobro. Tak Duch Święty wszystko w nas i przez nas powoduje.

Rozdział III

Nie wolno sprzedawać Chrystusa

Czy można, czy trzeba kochać Kościół?

To jest oczywiste – to jest nasza droga do zbawienia.

Ale jak można kochać Kościół? Kocha się osoby, kocha się Boga, kocha się ludzi, a Kościół? Jak kochać Kościół?

Kościół to jest Chrystus prowadzący ludzi ku Ojcu – Chrystus i ludzie, wszyscy razem. Pamiętam taką definicję: Kościół to wspólnota wierzących, która pod przewodnictwem papieża zmierza do zbawienia. Pod przewodnictwem papieża i biskupów. To jest wspólnota Chrystusa, który ją założył. Jakżeż można nie kochać czegoś, co Chrystus nam zostawił – tych ludzi, tej wspólnoty razem z Nim. Zapytałbym raczej – jak można takie pytanie stawiać?

Ale świat stawia takie pytanie. Są ludzie, także katolicy, którzy tego nie rozumieją. Wracam do tej definicji miłości, którą już przytaczaliśmy, że kochać to chcieć dla kogoś dobra. Jeżeli więc kochamy Kościół, to co powinniśmy robić?

Przede wszystkim winniśmy chcieć dobra dla tego Kościoła. Powiedziałbym wprost – winniśmy strzec go i pielęgnować, otaczać opieką i pomagać mu. Winniśmy też modlić się, ale i współpracować z Kościołem, słuchać go, słuchać jego nauki. Oczywiście winniśmy tu też powiedzieć, że w Kościele jest element ludzki i to, co wynika z naszej ludzkiej natury – zło. Tego akurat nie mogę kochać, bo zła kochać nie sposób, ale czyniącego zło, czyli grzesznika mogę kochać. Kościół to ludzie: ci, którzy już są w niebie, ci, którzy oczekują na niebo gdzieś w czyśćcu, ale i ci idący przez tę ziemię. Ci idący przez ziemię to są i grzesznicy, i święci. W Kościele są i jedni, i drudzy. Oni wszyscy to wspólnota Chrystusa. On miał jakiś zamiar. Założył taką wspólnotę. To On ją prowadzi. On jest pośrodku niej. Dla mnie zatem to oczywiste, że trzeba kochać. Kochać każdego. Także grzesznika, ale nie jego grzech. Dlatego mnie te pytania tak dziwią. Pan mówi, że na te pytania wielu nie zna już odpowiedzi, że świat nie zna odpowiedzi. My nie jesteśmy po to, abyśmy się upodabniali do świata, byśmy się światu podobali. Jeżeli zdecydowaliśmy się być z Chrystusem, to jest to nasz wybór i nasze szczęście, że On popatrzył na nas, że nas wybrał. To jest oczywiste, że trzeba z Nim być, trzeba być po prostu wiernym. Nie wolno sprzedawać Chrystusa. Nie wolno być tutaj fałszywym. Nie wolno stosować podwójnej gry, bo to przede wszystkim uderza w człowieka. Nie ma innej drogi. Każda inna droga prowadzi do nieszczęścia.

Tutaj się pojawia problem, który jest problemem sumienia wielu katolików. Jesteśmy w Kościele, więc czy wolno nam krytykować Kościół, biskupów czy księży?

Na pewno nie można szkodzić. Trzeba zawsze budować. Katolik musi widzieć zło i dobro w Kościele. Nie może być bezkrytyczny. Trzeba rozróżniać sakrament od tych, którzy go udzielają. Trzeba rozróżniać czyn i człowieka. A krytyka, zwracanie uwagi i ich przyjmowanie to może być wyraz wielkiego wzajemnego zaufania. Miłość i zaufanie idą obok siebie. „Trzeba bardzo zżyć się z przyjacielem, żeby zażądać długu przyjaźni" powiedział kiedyś Antoine de Saint--Exupéry. Widzę więc jedno, jeżeli kocham kogoś, to mu mówię: uważaj, bo to, co robisz, prowadzi cię do nieszczęścia, uważaj, nie tędy droga, uważaj. Nie mówię w tej chwili o żadnej konkretnej osobie, ale to jest właśnie ta odpowiedzialność za Kościół, bo świeccy są też w Kościele. Kościołem są i duchowni, i świeccy. W Kościele są różne dary łaski, różne rodzaje posługiwania, ale jest jeden Pan i my jesteśmy wszyscy jedno w Nim i trzeba o ten jeden organizm dbać, kochać go. To dlaczego nie napominać się wzajemnie? Św. Paweł o tym mówi: zachęcajcie się i napominajcie się z miłością. To jest bardzo blisko.

Miłość do Kościoła to znaczy miłość do Chrystusa, to znaczy więc również odpowiedzialność za Kościół. Nie wolno nam być bezkrytycznym. To jest jakaś naiwność. To jest może brak pewnej dojrzałości. Na pewno, jeżeli człowiek przeciwstawia się złu, to musi też mieć wiele odwagi. Ponosi konsekwencje tego. Bardzo często może być za to aż prześladowany… Obserwując Kościół, widzę, jak ludzie świeccy nieraz za to, że kochają Kościół, obrywają od tych, którzy powinni im właściwie podziękować, gdyby byli doskonalsi. Myślę, że trzeba modlić się za wszystkich. I za duchownych, i za pasterzy, ale i próbować rozmawiać. U św. Mateusza wyraźnie czytamy: „Gdy brat twój

zgrzeszy, idź i upomnij go w cztery oczy" (Mt 18, 15).
Gdy to nie pomaga, należy wziąć ze sobą „jednego albo dwóch, żeby na słowie dwóch albo trzech świadków oparła się cała sprawa. Jeśli i tych nie usłucha –
czytamy dalej – donieś Kościołowi" (Mt 18, 16n). Gdyby i to nie przyniosło rezultatu, „niech będzie jak po-
ganin i celnik…". My mamy zatem obowiązek mówić,
a jeżeli coś publicznie się dzieje, to my w imię umiłowania tego ciała Chrystusa mamy publicznie reago-
wać. I to jest świadectwo. I to nie jest wyraz tylko odwagi, ale wyraz umiłowania prawdy i miłości. Trzeba
wówczas być również gotowym na męczeństwo. Bo
męczeństwo to jest skutek odpowiedzi zła na to, że
mu się przeciwstawiamy.

Ojciec wspomniał o tej procedurze wzajemnego upo-
minania się, jaka jest określona w Piśmie Świętym.
Wpierw w cztery oczy, później w ramach wspólnoty, wreszcie na końcu publicznie. Czy to jest dziś
możliwe?

Myślę, że powinniśmy dążyć do tego, żeby ta krytyka, to napominanie było w cztery oczy, ale jeżeli coś
dzieje się publicznie, to publicznie trzeba dawać świadectwo prawdzie. Cała prawda w miłości. Miłość
w prawdzie. Miłość bez prawdy jest naiwnością, jest
kłamstwem. Prawda bez miłości może być terrorem.
Ale jeżeli zło jest publiczne, publicznie trzeba o nim
mówić.

Obserwowałem jak w Niemczech, w Austrii, kiedy
Ojciec Święty mianował biskupów, przeciwnicy ze strony liberalnej organizowali antypapieskie demonstra-

cje. Podobne protesty organizowane były przeciwko biskupowi, który miał objąć diecezję, wejść do katedry. Zdarzało się, że ludzie ci kładli się na posadzce i tworzyli żywy dywan, który uniemożliwiał ingres.

Jest tam teraz taki ruch liberalny „My jesteśmy Kościołem" przeciw Ojcu Świętemu, przeciw nauce Kościoła. W odpowiedzi prawdziwi katolicy, którzy są wierni Ojcu Świętemu i nauce Kościoła, utworzyli organizację „My też jesteśmy Kościołem". Myślę, że trzeba o tych sprawach mówić z miłością, ale mówić. To jest bardzo trudne, jeżeli przykre sprawy Kościoła są nagłaśniane. Powinniśmy najpierw między sobą załatwić te wszystkie problemy. Uczmy się, jak robią to ateiści. Oni nie wyciągają żadnych takich spraw. Pokazują się w jak najlepszym świetle. I myśmy też powinni tak rozmawiać między sobą. Ale jeżeli coś stało się publiczne, to trzeba publicznie się bronić, to chyba logiczne.

Czy nie jest tak, że w ten sposób rozumiana krytyka w Kościele może stać się drogą do świętości? Kiedyś jechałem samochodem z pewnym księdzem, który jest proboszczem na Białorusi. On mówił, że tam nawet policjanci zatrzymują samochód, jak go widzą na ulicy, wychodzą, klękają, całują go w rękę. Wszyscy go tak traktują, ale mówił też, że gdyby ci sami ludzie zobaczyli go z papierosem, z piwem czy z kobietą, czy nawet w kawiarni, to by go na taczkach wywieźli z parafii. Ale ten ksiądz się na to nie skarżył. A na koniec tak powiedział: „Ja chcę być na Białorusi, bo tam mnie zmuszają do świętości. Nie pozwalają mi na nic grzesznego". Czy jeżeli kochamy Kościół, nie powinniśmy się tak w nim odnosić do siebie?

To świetny przykład. Tak powinno być. Tak było zawsze w Polsce. I trzeba tworzyć taką atmosferę, jak najbardziej.

Inny problem. Mamy jakiegoś biskupa i ten biskup jest na przykład ordynariuszem. Gdy on mówi o sprawach wiary i moralności, my, oczywiście, musimy być mu posłuszni. Jeśli jednak ten sam biskup wypowiada się też w sprawach dalekich od tego, co wynika z jego misji, to jak tutaj się zachować, jak krytykować, wyrazić swój sprzeciw, żeby nie naruszyć jego autorytetu?

Rozróżnianie to jedna z zasad potrzebnych do poznania prawdy. Rozróżnić więc najpierw, czy dany duchowny wypowiada się w kwestiach wiary, czy też przedmiotem jego wystąpienia jest krąg spraw zupełnie innych. Przytoczę w tym miejscu anegdotę, która doskonale ilustruje ten problem. Ojciec Święty, gdy przyjechał do Gniezna w 1979 roku, to przed katedrą powiedział: „No tak, tak gorąco. W Rzymie myślałem, że w Polsce będzie chłodniej. I okazuje się, że papież jest też... omylny". Wszyscy słuchają z uwagą... konsternacja. Papież jednak szybko dodał: „ale w sprawach meteorologicznych".

Nie trzeba się bać dialogu. Krytyka to jest forma dialogu. Jeżeli krytykujemy z miłością, to jest to przecież troska o prawdę. My krytykujemy błąd, a nie człowieka. To jest następne rozróżnienie. To zarazem konsekwencja nauki Chrystusa i tego, co Chrystus robił. Chrystus kochał grzesznika, za tego grzesznika umarł, przyszedł nas odkupić, ale nienawidził grzechu. Tak samo my: winniśmy nienawidzić grzechu, nienawidzić zła, błędu, a kochać człowieka. I myślę, że trzeba to rozróżniać, bo teraz tego brakuje. U nas jest teraz takie pomieszanie z poplątaniem… Nie może być zamieszania. Musi być jasno poustawiane: grzech – nie, człowiek – tak; błąd – nie, człowiek – tak. I dlatego muszę bronić prawdy i dobra. To jest konieczność.

Pan Jezus też krytykował. Nawet władzę. O Herodzie mówił do tego stopnia: „Powiedzcie temu lisowi" (Łk 13, 32). Piętnował także niewłaściwe postawy faryzeuszów. Wprost nazwał ich – grobami pobielanymi, plemieniem żmijowym. A równocześnie zawsze przyjmował z wielką miłością tych, którzy do Niego przychodzili. Umierał jednak za wszystkich. Bez wyjątku.

> Co zatem sądzić o tych, którzy swą postawą bądź tym, co głoszą, wywołują zgorszenie? Czy i jak powinniśmy wtedy reagować?

W historii Kościoła zdarzały się straszne błędy, popełniano też różne herezje. Dziś Kościół też nie jest wolny od takich sytuacji. Wystarczy popatrzeć, jacy teologowie są nagłaśniani w świecie przez media. To często ci, którzy wprowadzają zamieszanie, wprowadzają w błąd. Oni wyrządzają Kościołowi ogrom zła, a media w rękach sił ateistycznych, niesprzyjających Kościołowi, właśnie wykorzystują takie sytuacje i takich teologów. Może oni są nieraz naiwni, a może już tak daleko zaszli. Może są przekonani, że to jest prawda, co mówią. Jest to jednak zło. Dlatego trzeba mieć oczy otwarte i widzieć, uszy otwarte i słyszeć, rozum otwarty i myśleć, i pytać się, czego chce Chrystus, co na to Chrystus. A wszystko po to, by iść za Chrystusem, by Go prawdziwie naśladować. Toteż trzeba mówić o tych błędach, ale zachowując szacunek dla człowieka, który je głosi, do funkcji w Kościele, którą pełni. Trzeba powiedzieć, gdzie tkwi błąd i uzasadnić dlaczego. Ale raz jeszcze bym powtórzył, by działo się to w duchu miłości. Dlatego prosiłbym w tym miejscu o modlitwę za tych duchownych, którym zdarza się zbłądzić... W Polsce – o tym też pamiętajmy – jest, i obyśmy mieli jeszcze tę sytuację jak najdłużej, bardzo wielu, bardzo dobrych duchownych. Na Zachodzie jest dużo gorzej i błędów jest może i więcej, chociaż jest też i tam wielu świętych.

> Podsumowując, jeżeli wypowiadamy jakąś krytykę, powinniśmy się kierować miłością do Kościoła, czyli zabiegać o to, żeby ten Kościół stawał się coraz doskonalszy. Praktycznie rzecz biorąc, winniśmy reagować na każdy przejaw zła, jeżeli nasze sumienie, kształtowane przez Pismo Święte, tradycję i nauczanie Kościoła, nam to podpowiada. Czy to tak należy rozumieć?

Tak, z tym jednak, żeby przede wszystkim samemu starać się prawdziwie kochać Chrystusa, a nie być tylko takim, który szuka cudzych błędów. Wydaje mi się, że te trudne sytuacje w Kościele, błędy ludzi Kościoła to zobowiązanie dla nas, żebyśmy jeszcze więcej kochali Kościół i jeszcze bardziej dbali o niego. Jeżeli będziemy kochać, to miłość nam podpowie, jak najlepiej dbać o dobro naszego Kościoła. Na pewno trzeba żyć w prawdzie. Miłość bez prawdy jest bowiem naiwnością i kłamstwem. To nie jest świadectwo, to jest wygodnictwo, ale też i tchórzostwo. Aby żyć w prawdzie, trzeba mieć także miłość dla drugiego człowieka. W zależności od tego, ile kochamy i jak kochamy, to Pan Bóg nam podpowie metody postępowania. Trzeba być „tak, tak; nie, nie, bo co nadto jest, od złego pochodzi" (por. Mt 5, 37). Myślę, że w naszych czasach mamy może nawet i dużo krytykantów, ale jeszcze więcej tchórzów. To idzie w parze. A to jest też brak prawdziwej miłości. To jest ukrywanie się za czyimiś plecami, bo łatwo jest krytykować. Kundel to taki pies, co szczeka, ale zaraz kryje się gdzieś za kimś, a rasowy pies, jak zaszczeka, to się nie boi…

.

Rozdział IV

Polska pomoże uratować świat

> Kościół jest powszechny, ale to mu nie przeszkadza, że jest i francuski, i włoski, i polski, itd., misją zaś każdego lokalnego Kościoła jest nie tylko służba Bogu, ale również służba ludziom. Jeżeli ktoś zabiera tym ludziom ich kulturową tożsamość, to dzieje się im krzywda. Czy z tego nie wynika, że Kościół powinien, jeżeli jest w Polsce, być polski, a więc nie tylko ewangelizować, ale też bronić Polski, zabiegać o Polskę, budować Polskę?

Istotnie, nie możemy oderwać się od narodu, bo gdybyśmy się oderwali od jego kultury, historii, to tak jakbyśmy wyrwali roślinę z korzeniami i powiedzieli: rośnij. Kościół więc już od swego początku to rozumiał i w tym względzie był bardzo mądry. Gdy szedł gdzieś z Ewangelią, to stosował zasadę akomodacji, przystosowania się do lokalnych obyczajów. I widać to także dziś w krajach misyjnych, na przykład w liturgii wśród narodów Afryki. Mieszkańcy Afryki wchodzą bowiem do Kościoła ze swoim tańcem, bo oni tak się wyrażają. Niosą właściwe tylko sobie dary ofiarne, między innymi tę swoją muzykę wybijaną na tam-tamach. Inaczej znów jest w Indiach. Gdy tam byłem, zapytał mnie pewien Hindus, ksiądz, czy chcę podczas Eucharystii siedzieć na krześle czy na ziemi. Ja myślałem tak: „Oczywiście, że w czasie czytań usiądę", toteż mu mówię: „na krześle". Dali mi więc krzesło. Patrzę, a ten ksiądz siada na ziemi. Msza święta odbywała się pod palmami. I okazało się, że on nie tylko siedział na ziemi podczas czytań, ale całą Mszę tak siedział, łącznie z Przeistoczeniem.

Taka kultura. Po prostu Hindusi siedząc, najintensywniej kontemplują, najlepiej się modlą. Gdybyśmy to wprowadzili do Polski, byłoby to niezgodne z naszą mentalnością i z naszą kulturą. Przez tę akomodację, wróćmy jeszcze do niej, były duże kłopoty na Dalekim Wschodzie. Część z nich wiązała się z chrztem. Kapłan bowiem dotykał śliną powiek chrzczonego. Dla Hindusów to było bardzo nieczyste i przez to opóźniało się przyjęcie chrześcijaństwa. Po pewnym czasie Watykan polecił, by z tej czynności zrezygnować, gdyż nie stanowiła o istocie sakramentu. Innymi słowy, Kościół musi zakorzeniać się w kulturę, w naród.

Kościół w Polsce był silny, kiedy biskupi trzymali z narodem, kiedy księża trzymali z narodem. Dzisiaj widzimy, co się dzieje. Widzimy, jak od Kościoła odchodzą rolnicy. Nie wszędzie. Tam, gdzie duchowni są blisko z rolnikami, tam rolnicy są blisko z duchownymi. Patrzę jednak z niepokojem na to, jak kształtuje się zaufanie do Kościoła. To jest niepokojące, bo część duchowieństwa jest jakby scudzoziemczona. Jakoś tak zachwycili się błyskotkami z Zachodu, że zapomnieli o swojej tożsamości, a może wyszły z nich jakieś kompleksy. Wstydzą się tego, że są z małego miasta, z wioski. Nie są dumni z tego, że ich rodzice byli rolnikami czy robotnikami. Ja się cieszę, że pochodzę z takiego środowiska. To środowisko jest też piękne. Każde środowisko może być piękne. Brzydkie jest tylko zło. Nie rozumiem tego, że można być obok narodu, że można nie trzymać z narodem.

Trzeba spojrzeć w głąb historii. Ta jest nauczycielką życia. Coraz więcej ludzi ze świata, i to wielkich ludzi, jest zaniepokojonych Polską, właśnie tym, że część duchowieństwa odcina się od narodu. Jeżeli duchowieństwo odetnie się od narodu, to naród odejdzie od Kościoła. Patrzę chociażby na Filipiny, jak tam biskupi trzymają z narodem. Patrzymy, co jest w Afryce, jak tamtejsi biskupi trzymają z narodami tego kontynentu. Trzeba być z narodem. To jest normalne, a Pan Jezus do każdego przychodzi inaczej. Duch Święty też do każdego mówi na jego miarę, na jego możliwości, tak samo mówi do narodów i je kształtuje. I powiedziałbym, że każdy naród w świecie jest jak jakiś ogromny kwiat, a czasami jak bukiet, bo bywa pozbierany z różnych grup, różnych plemion, a te dopiero tworzą naród. Świat zatem to przepiękny, ogromny bukiet narodów. Ale nie wszystkie kwiaty są jednakowe. I myślę, że będzie to wielką naszą tragedią, gdy my – ludzie Kościoła – odetniemy się od narodu, odetniemy się od kultury, od języka, jeżeli scudzoziemczejemy.

Czy jeżeli kapłan albo biskup nie jest z narodem, nie kieruje się miłością do Polski, jeżeli od tej miłości odwraca uwagę swoich wiernych, czy aby nie grzeszy? Mnie – pamiętam to dobrze – uczono na religii, że przykazanie: „Czcij ojca swego i matkę swoją" odnosi się również do Ojczyzny. Św. Tomasz z Akwinu mówił zaś, że jest taka cnota – pietyzm, która polega na tym, żeby kochać i oddawać cześć swojej Ojczyźnie. Czy niektórzy duchowni, którzy jakoś się *wynarodowili, którzy mówią: „a co mi tam Polska", czy oni nie grzeszą, nie obrażają w ten sposób samego Boga?*

Grzech jest wtedy, jeżeli mamy do czynienia ze świadomym i dobrowolnym przekroczeniem Bożych norm. To, o czym pan mówi, może być nieświadome. Przez pięćdziesiąt lat wychowywano nas w internacjonalizmie. Należało kochać Związek Radziecki i nic więcej. Ten czas to nie było wychowywanie nas w miłości do Ojczyzny. To było wykorzenianie nas z Ojczyzny. I teraz zbieramy owoce. Na ten ugór przyszedł Zachód ze swoimi świecidełkami. Poza tym Zachód był zawsze dla nas synonimem wolności i wydaje nam się, że to już jest ta wolność, a to dopiero uderzyła pierwsza fala, a z pierwszą falą uderza zwykle piana. W niej zaś są śmieci, brudy. Trzeba to widzieć i wybierać to, co piękne. Świat to jest ojczyzna ojczyzn, a ojczyzna to jest z kolei rodzina rodzin. I żeby pomóc innej rodzinie, to wpierw musi być silna nasza rodzina. To ona musi mieć mocne korzenie. To przez nią musi być przepływ wszystkich soków określających narodową tożsamość. To musi być i Mickiewicz, i Norwid, i Curie-Skłodowska, i ci, którzy zginęli pod Tobrukiem i w Katyniu, i „Solidarność". Wszystko. I Jan Paweł II. To właśnie jest wolność. Nie możemy się dać oderwać.

Myślę, że to, co pan powiedział o tych niektórych duchownych, to jest po prostu rezultat pięćdziesięciu lat komunizmu i trzeba to też odzyskać. Trzeba z powrotem zobaczyć to piękno, którym jest właśnie Polska. Polska ma wiele do zaoferowania światu i świat czeka na Polskę, na Polskę z wielkimi wartościami, a nie taką bez korzeni, taką niczyją.

> Cały czas w wypowiedziach Ojca przejawia się miłość do człowieka. Czy Radio Maryja kocha wszystkich ludzi tak jak Ojciec, nawet tych, którzy tu, w Polsce, nie są ani katolikami, ani Polakami? Kochać, powtórzmy, to chcieć dla kogoś dobra, to zatem każdego zaprowadzić do Boga. A może tu jest miejsce na tolerancję?

W Ewangelii nie ma słowa tolerancja. Byli tacy, którzy próbowali umieścić w Ewangelii słowo tolerancja zamiast słowa miłość. Chrystus uczy nas miłości. Jeżeli kocham, to daję to, co najcenniejsze. Tym najcenniejszym skarbem jest miłość do Pana Boga, miłość do Chrystusa, do Trójcy Przenajświętszej, do Matki Najświętszej. To jest także miłość do tego pięknego skarbu, którym jest Polska.

> Niektórzy mówią o Radiu Maryja tak: w zasadzie ono niepotrzebnie istnieje, bo jest i tak tylko dla tych, którzy są i dobrymi Polakami, i dobrymi katolikami. Inni zaś go przecież nie słuchają. Dla kogo zatem jest to Radio?

Radio Maryja jest dla wszystkich ludzi. Jest po to, żebyśmy się stawali jeszcze bardziej uczniami Chrystusa. Być uczniem Chrystusa to trwać w jedności z Maryją, ze sobą, z Panem Bogiem. To być świadkiem. To Radio jest po to, żeby umacniać. Kto chce, ten będzie słuchał tego Radia. Ja wierzę jeszcze w jedno, że ci, którzy słuchają, stają się coraz bardziej uczniami

Chrystusa, stają się coraz mocniejsi. Jeżeli są mocniejsi, to z większą siłą idą do drugich ludzi, mogą im więcej ofiarować, więcej dać z siebie.

> Niektórzy uważają, że w Polsce trzeba robić preewangelizację. Polega to na tym, że w radiu ma być dużo muzyki rockowej i tylko parę słów o Panu Bogu, żeby nie zrażać. A Ojciec mówi, że trzeba stanąć w całej prawdzie o Chrystusie i o wszystkim mówić tak, jakby się mówiło do ludzi znających Chrystusa...
> To zaś i tak dotrze do tych, którzy będą otwarci.

Pan Jezus nie robił żadnych sztuczek i mówił od samego początku: „Mowa wasza niech będzie tak, tak; nie, nie. A co nadto jest, od złego pochodzi". Czy istnieją różne formy głoszenia chrześcijaństwa? Pamiętam na początku mojego kapłaństwa były oazy i ksiądz Blachnicki robił to bardzo radykalnie. Widziałem też księży, którzy robili takie niby-religijne obozy, nie oazy i mówili: oaza nie, bo to nie dla wszystkich, to zbyt radykalne, to trzeba delikatnie. I oni jeździli na obozy. Na tych obozach nie było Mszy świętej, żeby nikogo nie razić. Ba, znam taki przypadek, że nawet w niedzielę nie mieli Mszy. I ja to nazwałem powielaniem obozów zetemesowskich, tylko że jeszcze z księdzem na dodatek. Jeżeli chcę iść z Chrystusem do ludzi, to dlaczego mam się ukrywać, przebierać. Uczniowie nie szli jak przebierańcy, nie kryli się, chociaż umierali później za prawdę. I to wydało owoce. Trzeba więc być klarownym. Ludzie chcą klarowności. Kto chce, wybierze. Każdy człowiek jest wolny, ale nie można stosować żadnych zastępczych opakowań, które by kryły prawdę. Mnie się wydaje, że takie skrywanie się to pójście na kompromis ze złem, że to sytuacja, kiedy daje się Panu Bogu świeczkę, a diabłu ogarek. Powinno się po prostu odczytywać całą prawdę. Dlatego nie mówię, że powinno być tylko Radio Maryja, bo o Panu Bogu można też mówić, nie mówiąc słowa „Bóg". Nie zawsze przecież trzeba mówić: „Pan Bóg". Nie wszędzie trzeba się publicznie modlić. Trzeba jednak zawsze okazać miłość bliźniemu i żyć w prawdzie. Nie mogę ateistom mówić: mamy się teraz modlić, to byłoby wbrew miłości bliźniego, wbrew normalnej prawdzie. Jak bowiem oni mają się modlić, skoro nie wierzą? Tak właśnie postępował św. Franciszek. Pewnego razu ten święty poszedł do miasta z pewnym bratem. Wcześniej powiedział mu: „Bracie, chodźmy, powiemy kazanie w Asyżu". Gdy w końcu wrócili, towarzysz Franciszka zapytał: „Bracie, a gdzie to kazanie?". „Szliśmy i byliśmy znakiem…". To jest to: ksiądz idzie w sutannie czy w koloratce. Jest wówczas znakiem, głosi Chrystusa. Siostra zakonna idzie w habicie, głosi Chrystusa. Pan Jezus mówi: światło wasze niech świeci, nie chowaj go pod korcem, ma być na świeczniku. Inaczej mówiąc, ja nie muszę mówić „Pan Bóg", by Pana Boga głosić swoją postawą, swoim zachowaniem, nawet swoim ubiorem. Tym, że się przeżegnam, kiedy startuje samolot czy kiedy zasiadam do posiłku. Takie są moje przekonania i ja się ich nie wstydzę, nie boję. Dlatego mówię: „Być klarownym". Media mogą być różne, trzeba dotrzeć do każdego człowieka. Trzeba się pytać, czy to nie jest powielanie tych zetemesowskich obozów z księdzem zamiast oaz. Ksiądz jest księdzem i powinien doprowadzić młodzież do spotkania z Panem Bogiem, do doświadczenia Pana Boga. A może to jest styl życia laicki i to mu odpowiada, a może już stracił wiarę. My nie mamy upodabniać się do świata. Pan Jezus nie tak powiedział. Różne mogą być ludzkie potrzeby, ale to musi być klarowne i robione w prawdzie. Pan Jezus powiedział: wy jesteście światłem świata, wy jesteście solą ziemi. Jak to rozumiem? Ja nie mam się upodabniać do świata, ja mam być solą, ja mam być świadkiem, ja mam być światłem. Mam być światłem w tym świecie, a nie światem. I dlatego tacy jesteśmy.

A czym dla Ojca jest Polska?

Polska dla mnie to nasze dzieje i każdy z nas nosi je w sobie. Kiedyś Adam Asnyk powiedział:

„Ale nie depczcie przeszłości ołtarzy,

Choć macie sami doskonalsze wznieść.

Na nich się jeszcze święty ogień żarzy (…)

I wy winniście im cześć!".

Ale ja sięgam głębiej. Nie chodzi tylko o cześć. My w sobie tę wielowiekową przeszłość nosimy. My żyjemy dzięki wszystkim pokoleniom od Mieszka I. To dziedzictwo rozwijało się i rozwija się aż do teraz i my je mamy. Mamy je w sobie. My chodzimy po tej ziemi. Mówimy tym językiem. My oddychamy tym powietrzem. My w końcu chodzimy po tej przelanej krwi, po tym wysiłku pokoleń. To jest ogromne dziedzictwo kultury duchowej i materialnej, ale również jest w nim wysiłek wiary, świadectwo wiary… To wszystko razem to nasze narodowe dziedzictwo. To są te wszystkie pokolenia, to są ci, którzy ginęli za Polskę. I to jest dla mnie Polska. Mogiły katyńskie czy inne groby rozsiane po całym świecie to wciąż żywa pamięć o tych, dzięki którym możemy się dziś cieszyć wolnością. Jest w Loreto we Włoszech polski cmentarz z okresu II wojny światowej. Patrzyłem, po ile lat mieli ludzie, gdy tam ginęli, i myślałem sobie, ile oni musieli mieć lat, gdy wstępowali do tej armii, a ile, gdy byli wywożeni na Sybir czy do Kazachstanu i co oni musieli przeżywać. To były dzieci. I na jednym grobie znalazłem takie epitafium: „Szedłeś, Syneczku, do mateńki, do Ojczyzny, do Polski, i nie doszedłeś, zostałeś tutaj. Będący w drodze ojciec".

I tam sobie myślałem – to wszystko jest dla mnie Polska. Ci wszyscy inteligenci, naukowcy i prości robotnicy, tamci bezimienni święci, i ci, którzy nimi nie są. Ci prawi i ci trawieni chorobą ducha, umysłu, charakteru… Polska to także ojców wiara i Jan Paweł II… To cmentarze, to budowle, to miasta wpisane w nasze polskie losy. To jest Kraków i te maleńkie wioski, i Warszawa z Pałacem Stalina i z tamtą niechlubną historią, ale i z tym, co się budzi, ze zrywem „Solidarności", z nowym początkiem… To jest dla mnie Polska. To równocześnie jeden język, jedna kultura, jedna religia. W tym tkwi nasza niesamowita siła. Polska to także miliony ludzkich serc rozsianych w świecie, kochających odległą, choć zawsze bliską Ojczyznę… Tam Polska jest nie terytorialnie, ale ta Polska jest w ich sercach. Tam jest ta kultura, duch, język, historia, to wszystko, co ona tworzy. Ona to wszystko tworzy w nas. Jesteśmy właśnie tacy, jacy jesteśmy, dzięki temu całemu dorobkowi.

Naszą Ojczyznę, jak ludzki organizm, trawi choroba. Mieliśmy tego przykład na grobach katyńskich, gdzie byli tacy, którzy znieważyli pamięć okrutnie zamordowanych. O tym trudno nam będzie zapomnieć… To prawda, że Polskę tworzyli różni ludzie, ale mieliśmy zawsze takiego gorącego ducha, mieliśmy taką miłość do Ojczyzny, że dostrzegaliśmy swoje błędy. Choć nie zawsze w porę… Myśmy też zawsze człowieka szanowali, a nie jego błędy. Te nazywaliśmy po imieniu. Tak samo dziś. Są tacy wśród nas, którzy nie zachowują się jak Polacy. Polak jest bowiem zakorzeniony. Każdy szlachetny człowiek jest gdzieś zakorzeniony. Najpierw zakorzeniony w narodzie. A jak jest w narodzie zakorzeniony i jest zdrowy na duchu, to kocha ten naród, nie będzie tego narodu niszczył, nie będzie mu robił wody z mózgu, nie będzie niszczył jego duszy… Nie chciałbym się tu ustosunkowywać do niektórych osób, do niektórych wypowiedzi, bo co jest dobre dla narodu, to oczywiste dla normalnego człowieka… Ze złem dialogu się nie prowadzi, tylko zło się widzi i się go unika.

> Zatem Polska, jak Ojciec mówi, to: dzieje, tradycja, kultura, ludzie, to jest także miłość do Chrystusa. Przecież byli i tacy, którzy kochali Polskę, ginęli dla Polski i nie wierzyli w Boga. Jak oni Polski bronili, jak mogli ją budować?

Pan powiedział, „że oni kochali Polskę". I to jest to. Jeżeli się kocha, to postępuje się według zasady sformułowanej przez św. Augustyna: „Kochaj i czyń, co chcesz". Kochać to nie znaczy „róbta, co chceta". Dla propagujących to hasło nie ma żadnej zasady, nie ma miłości, tylko są „góry mięsa z hormonami". Jeżeli kocham, to dążę do prawdy. Jeśli poznałem prawdę, to chcę się tą prawdą i tą miłością podzielić. Chcę więc śpiewać o tej miłości wszystkim. I ta miłość nas zapala do tego, żeby innych obdarzać szczęściem, żeby innym pokazywać, gdzie jest szczęście. A szczęście jest tam, gdzie jest miłość, gdzie jest prawda. Gdzie nie ma miłości, gdzie nie ma prawdy, jest rujnowanie. A miłością najpełniejszą jest Chrystus. I mógłbym w związku z tym powiedzieć to, co powiedział Ojciec Święty w Krakowie przed odjazdem, pod koniec pierwszej pielgrzymki do Polski: „Czy można odrzucić Chrystusa i wszystko to, co On wniósł w dzieje człowieka? Oczywiście, że można. Człowiek jest wolny. Człowiek może powiedzieć Bogu: nie. Człowiek może powiedzieć Chrystusowi: nie. Ale – pytanie zasadnicze: czy wolno? I w imię czego «wolno»? Jaki argument rozumu, jaką wartość woli i serca można przedłożyć sobie samemu i bliźnim, i rodakom, i narodowi, ażeby odrzucić, ażeby powiedzieć «nie» temu, czym wszyscy żyliśmy przez tysiąc lat?! Temu, co stworzyło podstawę naszej tożsamości i zawsze ją stanowiło"... Właśnie, jeśli odrzucam Pana Boga, jeżeli odrzucam prawdę, co wówczas wybieram?

Jeżeli Polak jest ateistą, to jego ateizm bierze się chyba z jakiejś osobistej tragedii. On chyba stracił wiarę, bo Polak nie rodzi się ateistą. Jeżeli on kocha Polskę, to w jakimś sensie powinien kochać i Matkę Bożą, a przynajmniej dbać o to, by Jej nie obrażano, bo to przecież Królowa Polski. Czy tego winniśmy się domagać od ateisty, który mówi: jestem Polakiem?

To jest problem wiary. Może taki człowiek Jej nie odnalazł. To też jest chyba problem wychowania i myślę, że teraz w tej sferze jest w Polsce wiele nieporozumień. Dlatego tym bardziej trzeba zmierzać do tego, co było zawsze naszą szansą. Bywało, że „potop nas zalewał, krew się rzeką lała", potrafiliśmy powstawać i z pożarów, i z popiołów. To, że Matka Boża jest Królową Polski, to jest jakaś wielka łaska, wielka szansa dla nas, ale i dla świata. Raz po raz spotykam różnych ludzi, różnych teologów, którzy mówią, że Polska pomoże uratować świat. Jestem tym zaskoczony i pytam się – dlaczego? A oni mi odpowiadają: „Bo Maryja uratuje świat…". Mówią o Fatimie, o sytuacji Kościoła i świata w tym momencie dziejów, o tym, że Matka troszczy się o Syna, troszczy się o Jezusa. Mówią, że Polska dlatego uratuje świat, bo Polska najbardziej kocha Maryję, jak żaden naród. Maryja – to jest droga do uratowania Kościoła i świata. Myślę także, że to, iż Matka Najświętsza jest naszą Królową, a my jesteśmy Jej rycerzami, zobowiązuje nas szczególnie. Trzeba by tę „świadomość Maryjną" jakoś pielęgnować i przekazywać dalej, a na pewno pojawią się owoce.

Ojciec wspomniał, że „tylko pod tym krzyżem, tylko pod tym znakiem Polska jest Polską, a Polak Polakiem", że Polska jest królestwem Matki Bożej. Jak to rozumieć?

Tak jakoś Pan Bóg to zaplanował, że od samego początku, od początku dziejów Polski jesteśmy wpisani w krzyż. Krzyż, obok niego Maryja to nasze początki. Ten związek jest w naszej krwi. Kultura chrześcijańska, Ewangelia, krzyż – to treści, dzięki którym bije nasze serce. One tworzą naszą mentalność, one nas przemieniły kiedyś i wciąż przemieniają. Porównuję Polaków i narody, które zatraciły chrześcijańskiego ducha. Widać wyraźnie różnice. „Tylko pod tym krzyżem, tylko pod tym znakiem Polska jest Polską, a Polak Polakiem", tylko w tym duchu jesteśmy sobą. Ten duch jest w nas. Nawet wtedy, gdy ludzie nazywają się niewierzącymi, nawet wtedy, kiedy wprost głoszą poglądy obce Ewangelii, to okazuje się, że raz po raz odzywa się w nich ta odwieczna Miłość tryskająca z całego naszego dziedzictwa. Tysiąc lat pracowało na to, żeby ten duch chrześcijański był w nas i teraz.

> Papież, mówiąc kiedyś do Francuzów, powiedział: „Francjo, córko Kościoła, gdzie jesteś?" Czy można by było nazwać polskim takie społeczeństwo, które żyłoby na tej ziemi, powiedzmy za sto lat i nie byłoby katolickie? Czy można by nazwać Polską taki kraj, w którym nie byłoby Kościoła, nie byłoby Częstochowy? Czy to miałoby cokolwiek wspólnego z Polską?

To byłby już zupełnie inny kraj. To nie bylibyśmy my. My jesteśmy Polską, gdy trwamy przy tym, co wzięło swój początek na Golgocie, co płynie z kart Ewangelii i co kształtuje polskiego ducha. Od samego początku, od Gniezna, od chrztu, od tamtego pierwszego krzyża. I tak jest przez cały czas. To się przewija w życiu wielu ludzi. Mamy tylu świadków, tylu męczenników, tylu świętych.

Są tacy, którzy mówią, że Polska nie jest nasza, bo Polskę budowały dziesiątki pokoleń i przejmą ją następne pokolenia, nasze dzieci, wnuki, prawnuki, praprawnuki itd. i że ci, którzy byli przed nami, zostawili nam jakiś testament i my nie możemy robić z Polską, co chcemy, tylko musimy trzymać się tego testamentu. W tej perspektywie nie ma demokracji. Demokracja jest nie tylko ograniczona prawdą i dobrem, ale ona w wypadku Polski jest ograniczona tym testamentem, który przekazały nam poprzednie pokolenia. Czy Ojciec by się z tym zgodził?

Musimy pamiętać jeszcze o jednym: Polska, to jedyne i najdroższe dziedzictwo, to skarb gromadzony przez pokolenia i tego skarbu nie wolno nam ani niszczyć, ani roztrwonić. Do tego skarbca tylko musimy dodawać, podążając drogą Bożych przykazań, drogą Chrystusowej miłości. Miłość każe dodawać. To nienawiść czy głupota każą rozpraszać, a miłość każe dodawać i następnym przekazywać skarb jeszcze większy...

Rozdział V

Po Panu Bogu i Kościele najbardziej kocham Polskę

Czy Ojciec kocha Polskę?

Cóż za pytanie. Oczywiście. Takich pytań Polakowi nie powinno się stawiać. To naturalne. Po Panu Bogu i Kościele najbardziej powinno się kochać swoją Ojczyznę. Po Panu Bogu i Kościele najbardziej kocham Polskę.

Ojciec jest zakonnikiem, redemptorystą. Sam ten fakt wyjaśnia już przecież, dlaczego Ojciec kocha Pana Boga, Matkę Bożą i Kościół. Dlaczego jednak Ojciec kocha Polskę?

Może dlatego, że tak zostałem wychowany. Wychowanie to jest chyba pierwsza przyczyna, ale ta miłość do Ojczyzny we mnie rosła. Nie od razu była taka. W miarę, jak odkrywałem Pana Boga i wzrastała we mnie miłość do Niego, rosła we mnie miłość do Polski i nadal rośnie. Chciałbym w tym miejscu dodać, iż nie mogę powiedzieć, że kocham Pana Boga w pełni. Przed samym sobą wstydzę się, że tak mało Go kocham. Pytam się często, czy kocham Go na miarę i odpowiadam: ciągle za mało. Widzę swoją nędzę, swoją ograniczoność.

Z miłością do Ojczyzny jest tak samo. Im bardziej ją odkrywam, tym bardziej ją kocham. Odkrywam ją, patrząc na jej historię, na przeszłość. Widzę wówczas te wszystkie nasze korzenie stanowiące o pięknie Ojczyzny. Myśląc o pięknie Ojczyzny, myślę o ludziach. Piękni i wielcy: wielcy bohaterzy, wielcy święci, wielcy ludzie wielkich czynów. Jestem dumny, że jestem z tego narodu. Jest to wielka kultura. Jej częścią było to, że w Polsce ludzie potrafili oddawać życie dla Pana Boga i za Ojczyznę. Nie mogę nie kochać takiej Ojczyzny, bo gdybym jej nie kochał, to nie byłbym wdzięczny za to wszystko, co otrzymałem. Ta miłość do Ojczyzny ma w sobie coś z wdzięczności. Za to wszystko, czym jestem, będąc Polakiem, w czym uczestniczę, dzięki czemu jestem taki, jaki jestem. Mógłbym być lepszy, ale o tym decyduje współpraca z łaską, z Panem Bogiem... Nie potrafię sobie wyobrazić takiej sytuacji, by nie kochać Ojczyzny. To tak samo jakbym nie był wdzięczny za tę przelaną za Polskę krew, za to wszystko, co zrobiło tylu ludzi dla tego dziedzictwa, które nosimy przecież w sobie.

Im bardziej poznaję świat, różne kraje, narody, kultury, tym bardziej cieszę się, że jestem Polakiem. Tym bardziej jestem dumny, że nim jestem. Polska to przecież niezwykła, tysiącletnia kultura, kultura ducha. To widać po uczynkach. W tej chwili myślę o naszej przeszłości, o ubiegłym wieku, końcu ubiegłego wieku, myślę o dzisiejszych wydarzeniach, o ludziach. Pan Bóg obdarzył nas wspaniałymi ludźmi. Oni są owocami całej naszej historii. Jak mam tego wszystkiego nie kochać, nie być wdzięcznym. Wiem, że słabo, nie dość umiejętnie, to wyrażam, ale nie wyobrażam sobie, że można nie kochać Polski. Tego nie da się wyrazić w języku. W żadnym języku nie da się wyrazić miłości, jaką trzeba obdarzać Polskę. Ci, którzy jej nie kochają, powinni się wyprowadzić z tej ziemi. Kto nie kocha Polski, ten jej szkodzi.

Bóg nas uczy, że największa ludzka miłość to miłość oblubieńca i oblubienicy, tych, którzy zakochali się w sobie do szaleństwa i dlatego chcą zawrzeć nierozerwalny związek. *Pieśń nad Pieśniami* opowiadająca o takiej miłości ma być przykładem miłości człowieka do Boga i Boga do człowieka. Prawdziwa miłość do Ojczyzny wygląda chyba tak samo. W jakimś sensie naszą oblubienicą jest Polska. Tak o niej powinniśmy nieustannie myśleć i tak o niej mówić. Oblubienica ma zawsze jakieś zalety i jakieś wady. Kochamy ją z jej wadami i zaletami. Kochamy taką, jaką jest, nawet wtedy, gdy straci swe zalety. Jakie zalety ma nasza Polska. Co jest w niej najwspanialsze, najszlachetniejsze, najpiękniejsze?

Pan mówi o oblubienicy i oblubieńcu. Ja widzę to trochę inaczej. Dla mnie Polska i Polacy są rodziną. Moimi braćmi i siostrami. To jest moja matka, mój ojciec, to są rodzice moich rodziców. Wszędzie, gdzie usłyszę polską mowę, gdy gdzieś wyjadę poza nasze granice, to ona brzmi jakoś inaczej. Ale w Kościele też czuję się jak w Ojczyźnie. Wszędzie, gdzie jestem w świecie i jest inny język, gdy jestem w kościele, na Eucharystii, jestem u siebie w domu. Tak to czuję. Ojczyzna w znaczeniu tego wszystkiego, o czym myślimy, myśląc o Polsce, mieści mi się w Kościele. Jednocześnie ta Ojczyzna-Kościół przenika moją Ojczyznę, mój naród, jego całą historię, jego kulturę. Obie te Ojczyzny jakoś się wzajem przenikają.

Ciekawe doświadczenia wyniosłem z pracy w Niemczech. Niemcy zawsze jakoś obco mi brzmiały. Nie bez wpływu były tu wszystkie rany historii, a także, powiedziałbym, twardy język. Nie tylko twardy w znaczeniu „melodii". A jednak tam, modląc się po niemiecku z Niemcami, tam też czułem się w Ojczyźnie… Bo byłem w Kościele.

Co jest najwspanialszego w Polsce? Wszystko jest wspaniałe. Poza wadami, o wadach nie mówimy. My, Polacy, mamy cudowną wiarę, która kształtuje nasze serca. Nawet ta nasza emocjonalność bierze się z wiary, ona z niej płynie. Mamy miłość. Wiara i miłość to znów droga do prawdy, do umiłowania wolności… A najwspanialsza jest ta nasza otwartość, skłonność do dawania, dawania wszystkiego z serca. A obecny w kulturze naszej romantyzm? On też bierze się z miłości. Nasza muzyka, te wszystkie pieśni są jakimś wyrazem tego, co płynie z naszego serca. A nasz krajobraz… Wspaniały. Piękny. Nasze morze i góry, lasy i rzeki… Lubię ten nasz, polski klimat. Czasem surowy, czasem kapryśny, ale nasz… piękny. Podoba mi się w Izraelu. Byłem tam kilka razy. Gospodarność, dużo kwiatów. Ale nasz kraj jest piękniejszy. Dlatego wielu ma ochotę na Polskę. Ma złoża mineralne, dobre ziemie… Właściwie Polska ma wszystko. W Polsce jest jak w raju. Tak, tak sobie wyobrażam raj.

Gdyby się tak zastanowić, to Polska nie jest najpiękniejsza na świecie, ale dla zakochanych w niej, dla nas jest. Czy Ojciec nie jest zakochany w Polsce, tak jak mężczyzna kocha się w kobiecie, a może tak jak w matce?

Polska jest dla mnie również matką. Patrząc na Polskę, stwierdzamy, że ona jest naprawdę najpiękniejsza. W Polsce nie ma Syberii, ale jest zima. W Polsce nie ma tropiku, ale jest lato. Jest też wiosna. Są cztery piękne pory roku. Są wspaniałe góry, ale są też i pagórki. Wszędzie, gdzie byłem w świecie, a byłem w wielu krajach, mówiłem w końcu: „wystarczy". Po prostu dla Polaka najpiękniejsza jest Polska. Pod każdym względem. Można być w jakimś kraju, gdzie są palmy, ale krótko. Nasze drzewa są piękniejsze. Tu się dobrze czuję. Myślę, że Pan Bóg każdego stwarza gdzieś w jakiejś szerokości geograficznej i daje mu to wszystko, co jest mu potrzebne i dla niego najpiękniejsze. Dla nas najpiękniejsza jest Polska i tu mamy wszystko, czego potrzebujemy.

Ale w takim razie powiedzmy też o wadach. Czy Polska ma jakieś wady? Jakie wady mają Polacy?

Myślę, że i w Polsce trzeba dużo rozwinąć. Jeśli moglibyśmy coś wziąć od innych, to na pewno pracowitość. Chociażby od naszych sąsiadów z zachodu. Także niemiecką gospodarność, praktyczną oszczędność. Oczywiście myślę tu nie o tych Niemcach z byłej NRD, skażonych komunizmem lub liberalizmem. Wziąłbym też trochę sprytu z Izraela, ale nie przewrotność. No i zostawiłbym polskie serce. To byłoby dobre. A jeśli chodzi o nasze wady… Przede wszystkim mamy dużo porywczości, może za mało systematyczności, takiego mozolnego postępowania do przodu, a nie szukania sensacji. Za mało też myślimy, jak skutecznie osiągnąć cel. Mamy jeszcze i inne wady i wrogowie nas dobrze rozpracowali. Zrobili to, żeby nas łatwiej zniszczyć. Widzę absolutne i planowe niszczenie Polski. Polska nie byłaby w takiej ciężkiej sytuacji, gdyby ludzie byli mądrzejsi. Potrzeba nam dużo pracy i prawych sumień. Może wtedy mniej będzie głupoty i ulegania złu.

Czy to, co się dzieje dziś w Polsce, nie jest początkiem nowego wynaradawiania? Może sprzyja temu fakt, że Polacy coraz mniej kochają Polskę albo często w ogóle jej nie kochają. Symptomy takiej sytuacji: 11 listopada nie widać w Ojczyźnie flag narodowych, coraz rzadziej używa się w Polsce takich słów jak Polska. Ojciec sam nie tak dawno w Radiu zauważył, że mówi się często „nasz kraj" lub „ten kraj" zamiast: „Polska", „Ojczyzna". Coraz rzadziej spotyka się też ludzi, którzy mówią głośno: „kocham Polskę".

Myślę, że dobrze nas rozpracowali ci, którzy mają ochotę na Polskę. To jest praca wielu lat. To, że obserwujemy, iż są ludzie, którzy się wstydzą powiedzieć, że kochają Polskę, czy że z nią się identyfikują. Oni zostali już spreparowani. Plan zniszczenia Polski nie jest jakimś przypadkiem. To jest plan. Przed planem zaś musi być zamysł. Ktoś o tym już wcześniej pomyślał i wciąż o tym myśli. Ale jeżeli pokazuje się Polskę ludziom młodym, oni są bardzo dumni, że są Polakami. Polacy kochają Polskę, ale trzeba ją im pokazać, odkryć. Nie wolno zamazywać przeszłości, trzeba się w niej zakorzenić, żeby iść w przyszłość. Trzeba zobaczyć przeszłość na tle całej rzeczywistości świata. Tak. To jest chyba jasne. Miłość trzeba ciągle rozwijać. Jeżeli nie rozwijamy miłości tak, jak rozwijamy inne talenty, to ona kuleje. To jest nasz obowiązek – wzbudzać miłość do Polski, rozwijać ją, umacniać, mówić o niej.

> Wedle niektórych sondaży, co do rzetelności których mamy uzasadnione wątpliwości, przynajmniej połowa Polaków jest za wejściem Polski do Unii Europejskiej. Czy to nie jest znakiem, że ludzie nie kochają Polski, że nie mają już poczucia tożsamości narodowej i na Polsce im nie zależy, że nie wiążą swoich nadziei z Polską, tylko z tworem, którego kształt jest wciąż zagadką?

Nie sądzę, że wyniki tych badań są prawdziwe, że większość Polaków świadomie chce, aby Polska weszła do Unii Europejskiej. Myślę, że temu „chcę" towarzyszy bardzo mała świadomość konsekwencji takiego wyboru. Za tym stoi też propaganda. Wiele jej działań przynosi skutki nietrwałe. Wystarczy trochę formacji, a będzie wszystko inaczej. Powiedziałem wcześniej, że w odniesieniu do Polski jest pewien plan. Właśnie plan. Jakiś uczony powiedział, że patrząc na świat, widzi się na początku wzór matematyczny. Ale u początku tego wzoru musi być umysł. Tak samo tutaj. To, czego jesteśmy świadkami, dokonuje się według planu. Jesteśmy dobrze rozpracowani jako naród po to, żeby ten naród jakoś zniewolić, żeby zagarnąć tę ziemię, żeby zrealizować pewien plan. Są jakieś siły, są osoby, grupy interesów nam nieprzyjazne. Wśród tych globalnych interesów jakąś rolę odgrywa Polska. Co zatem zrobić z tym krajem, z mieszkającymi w nim ludźmi? Myślę, że jest to też walka z Kościołem. Tu nie chodzi tylko o polską ziemię. Ma to związek z nowym planem dla świata, który nazywa się globalizmem ateistycznym. Unia Europejska to nie jest budowanie jedności, to przesiadka w kierunku globalizmu. To robią ci, których Bogiem nie jest Bóg Jezusa Chrystusa, których Bogiem nie jest Jezus Chrystus. Jezus Chrystus im przeszkadza.

Konsekwencją przyjęcia Jezusa Chrystusa jest miłość bliźniego, jest poszanowanie człowieka. Miłość jest dzieleniem się wszystkimi dobrami, jest dbaniem o rozwój każdego. Globalizm zaś jest czymś odwrotnym, jest odrzuceniem Boga w życiu człowieka i zaprzeczeniem nauki Chrystusa. To nowa forma zniewolenia człowieka, oddająca bogactwa świata w ręce grup dbających o swe partykularne interesy. To nie jest dalekosiężne patrzenie w wieczność. To są te centrale ateistyczne skutecznie działające. Dlatego działanie przeciwko Polsce należy rozumieć jako działanie przeciwko Kościołowi. Polacy są narodem katolickim. Zdrowy, katolicki naród może przemienić, może być zaczynem, który zmieni ten świat. To zaś jest niebezpieczne dla ateistycznych globalistów. Dlatego chcą zdusić nasz naród, a przy okazji ziemię zawłaszczyć, zrobić swoje republiki. Stworzyć gdzieś na Wschodzie, jak planuje Unia Europejska, płuca Europy, miejsce polowania na niedźwiedzie. Panowie, gdy będą mieli ochotę na zwierzynę, zabawią się, a Polacy będą pachołkami do posług, których oni by się nie podjęli. Kim zatem kiedyś będziemy, na dziś jeszcze polskiej ziemi?

Trzeba rzecz widzieć całościowo, by nie zmarnować tego dziedzictwa, któremu na imię Polska. Trzeba je rozwijać i w tym dziele nie ustawać. Powiedziałbym tak, że albo będziemy Chrystusowi jako Polacy, albo nie będziemy wcale jako Polska istnieć. Te zagrożenia są realne. Są plany, by nas zniewolić, wynarodowić... Ludzie często tego nie zauważają. Nie obroni się więc naród. Dlatego trzeba narodowi świadków, potrzeba przewodników. Tutaj jest chyba problem. Brak nam przewodników. Ludzi wielkich, wielkich duchem, wielkich umysłem. Ludzi wielkich tak w Kościele, jak i w państwie. To jest problem. Ja jednak wierzę, że Matka Najświętsza nas uratuje. Jesteśmy narodem wierzącym. Radio Maryja jest tego widocznym fenomenem. Jest świadectwem, że modlimy się trzy razy dziennie na różańcu, nawet w nocy. Można policzyć, ile godzin się modlimy, ilu ludzi się modli. Pan Bóg nie opuści przecież człowieka. „Choćby mnie opuścili ojciec mój i matka, to jednak Pan mnie przygarnie" – mówił Psalmista (por. Ps 27, 10). A kardynał Wyszyński i kardynał Hlond mówili, że jeśli zwycięstwo przyjdzie, to przyjdzie przez Maryję. Oni zawierzyli Maryi, bo widzieli przyszłość. Tak wielu przeciwników Pana Boga działa na szkodę Kościoła i Polski, a równocześnie tak wielu ludzi po ludzku bezradnych, ale mocnych zaufaniem – modli się. Może nawet nie wiedzą, jakie są zagrożenia, choć niektórzy czują je intuicyjnie. Ja wierzę, że to zwycięstwo przyjdzie, że ono przyjdzie przez Maryję. Z naszej strony powinniśmy działać tak, jakby wszystko od nas zależało i zaufać Panu Bogu. To wszystko od Niego zależy.

Powiedział Ojciec, że Polska bez Chrystusa nie będzie Polską. Z tym nie można polemizować. Polsce i polskości zagraża wiele czynników, i to z różnych, często niespodziewanych i zaskakujących stron. Rzecz sprowadza się do problemu: czy katolik może być dobrym Polakiem, czy też nim być powinien.

Trudno mi to oceniać, ale na pewno nie można być bez korzeni. Mamy pewne „narodowe" korzenie tak samo, jak mamy określony rodzaj krwi czy jakieś geny. Można powiedzieć, że mamy takie „narodowe geny", to, co w inny jednak niż biologiczny sposób pochodzi od matki i ojca, od dziadów, pradziadów. Co jest nośnikiem kultury i tradycji. Naród to jeden organizm, w którym, jak w każdym organizmie płyną ożywcze soki. Trzeba z nich czerpać, wtedy ma się jakąś tożsamość. Ja idę gdzieś w świat, ale mam określoną kulturę, skądś jestem i gdzieś zmierzam. Nie chodzi o to, żeby być nacjonalistą, żeby nie widzieć innych narodów poza swoim narodem. Nie może być i tak, że mój naród panuje ponad innymi narodami, bo jest najlepszy… To jest podobnie jak z kwiatami. Każdy kwiat może być piękny. Wszystkie kwiaty są piękne. Jeszcze piękniej jest, kiedy z nich tworzy się bukiet. Ale dla mnie najpiękniejsza jest Polska. Jeżeli Rosjanin kocha Rosję, to ona powinna dla niego być najpiękniejsza. Dlatego ja nie powiedziałem, że obiektywnie Polska jest najpiękniejsza, ale że dla mnie jest najpiękniejsza. Pan Bóg tak, jak stworzył ludzi różnych ras, tak samo stworzył cały świat i człowieka w tym świecie i zawsze w konkretnej sytuacji. Nie można być takim nijakim, bez narodowości. Nie można być poza narodem.

Gdyby Radio Maryja było tylko katolickie, to byłoby mniej problemów i ataków na nie. Ono jest katolickie i na dodatek polskie. I to jest największym zagrożeniem dla tych, którzy są przeciwko Kościołowi i przeciwko Polsce. Wróćmy raz jeszcze do tego wątku polskiego. Czy nie powinno być tak, że jako katolicy w Polsce powinniśmy pogłębiać nie tylko ten nasz katolicyzm, ale zmierzać i do tego, aby Polacy bardziej kochali Polskę? Czy zatem wychowując po katolicku, prowadząc takie zwykłe, normalne duszpasterstwo, nie powinno się jednocześnie uczyć umiłowania polskiej tradycji, umiłowania polskiej kultury? Gdy Polska była wynaradawiana w XIX wieku, to robiono różne rzeczy, aby tę polskość ratować. Powstawały amatorskie teatry ludowe, czytano w domach polską literaturę piękną, polską poezję. Teraz tego nie ma, polska kultura nie tkwi w świadomości polskiego społeczeństwa. Ta kultura przestaje być obecna nawet w polskiej szkole. Wygląda to na celowe działanie. Mamy do czynienia z nowym, być może bardziej niebezpiecznym niż to dziewiętnastowieczne, wynaradawianiem. Należałoby w tym miejscu zadać pytanie: Czy nie należy, walcząc o katolicyzm w Polsce, walczyć w takim samym stopniu o polskość?

Spotkałem kiedyś siostrę zakonną, sercankę, która pracowała w Alzacji francuskiej. Mówiła, że uczy dzieci języka polskiego, bo tak długo, jak te dzieci mówią po polsku, tak długo zachowują wiarę przodków. Dziś w wielu państwach, w których szarogęszą się socjaldemokraci oraz globaliści, walczy się z narodem, z religią, z rodziną, starając się w to miejsce utworzyć coś zupełnie innego. Kultura zaś, ta prawdziwa kultura, kultura narodowa jest nośnikiem ducha i duch wyraża się przez kulturę. Polska kultura jest przepełnio-

na Ewangelią. Stąd w naszej konkretnej rzeczywistości jest bardzo ważne, aby dalej o nią dbać i ją rozwijać. To jest dla mnie wszystko bardzo jasne i proste. Te
pytania dotyczą rzeczy najbardziej dla mnie oczywi-
stych. To jest takie dzielenie włosa na cztery.

Ojciec mówi tak, jakby zapomniał, że nie wszystko
jest dla wszystkich jasne. Jeżeli Ojciec powie do
pracowników niektórych mediów, że normalne jest,
żeby małżeństwo zawierał mężczyzna z kobietą, to
się zadziwią. Dziś to, co normalne, uznaje się często za przesąd, a to, co nienormalne, sprzeczne z na-
turą i zdrowym rozsądkiem, wręcz głupie, absurdal-
ne za coś godnego uwagi, jeśli nie za prawdę
oczywistą i niepodważalną.

Wcale w to nie wierzę. Wiem, że są w Polsce ludzie
chorzy i nienormalni. Normalna jest jednak prawda.
To jest normalne, że normą nie jest to, co mówi większość, czy to, co głosi ten, kto głośniej mówi, lecz
prawda. Ciągle trzeba zmierzać do prawdy. Gdy się ludzie śmieją z prawdy, to ja bym im powiedział, że ten
się śmieje, kto się śmieje ostatni. Zobaczymy, co wyjdzie z ich życia, jakie będą jego owoce, co ten czy ów
powie, gdy będzie umierał, co powie o swoim życiu.
Czy powie, że był szczęśliwy i ilu ludzi było z nim
szczęśliwymi? Czy powie, że odkrył prawdę, sens życia? Czy być może wyzna, że się pomylił, pobłądził i że
niemal przez całe swe życie był jednym, wielkim zner-
wicowanym kłębkiem? Dziś trawi nas nie tylko rak, ale
i choroby psychiczne i różnego typu patologie, ta cała dysharmonia ludzkiego wnętrza. Ale nawet, gdy

ktoś kłamstwo nazywa prawdą, to jest to po prostu nienormalne...

Ojciec mówi, że należy odróżnić stan choroby czy patologii od tego, co normalne. Ale czy Ojciec nie zauważa, że świat jest chory, że chora jest nasza cywilizacja? Czy nie jesteśmy, na przykład chorzy, gdy nie reagujemy na pornografię, która leży w większości naszych kiosków z gazetami? Czy nie jesteśmy chorzy, gdy nasze dzieci czytają „Harry'ego Pottera" i zachwycają się nim? Czy nie jesteśmy chorzy, gdy zachwycamy się tym, co albo wprost godzi w Chrystusa, albo jest w taki czy inny sposób sprzeczne z Jego nauką?

Myślę, że ludzie często nie wiedzą, co robią, dlatego czytają. Winni są ci starsi. Ale i oni też często nie wiedzą. To jest właśnie stan choroby, ale to trzeba leczyć. Leczyć i głosić prawdę. Jezus Chrystus jest Prawdą. Ciągle więc być przy Nim, konfrontować swoje życie z Jego nauką. Polska jest dziś chora, ale czy był kiedykolwiek taki stan bez choroby? Dzisiaj tragedią jest to, że błędy są tak szybko i tak szeroko rozsiewane. To ma miejsce dzięki mediom, dzięki środkom przekazu. Radio, prasa, internet. Tyle tych anten satelitarnych na dachach... Dlatego dziś kłamstwo można siać bardzo szybko, ale i prawdę też! Przyjrzyjmy się internetowi. Dzięki niemu mogę prowadzić „rozmowę" z kimś w Australii i z kimś na Alasce. I to w tym samym czasie. Tak przecież mogę głosić Ewangelię. Biada mi, gdybym jej nie głosił! Chorobą jest więc to, że ktoś przyjął Chrystusa, ale jest leniwy w Jego głoszeniu. To wielki grzech, jeżeli nie głosi Ewangelii świadomie. W tej chwili dlatego jeszcze jest większa odpowiedzialność ludzi wierzących w Chrystusa za głoszenie Jego orędzia. Od tej prawdy zależy uleczenie innych. Chrystus zapyta nas na sądzie ostatecznym: „Co robiłeś?".

Dlaczego tak się dzieje? Dlaczego Polacy, znając naukę Chrystusa, często ją lekceważą, postępują tak, jakby jej nie znali? Dlaczego tak często się gubią w podstawowych, z punktu widzenia wiary, wyborach?
Człowiek jest wolny.

Czy to jednak jest wystarczające wytłumaczenie? Czy to tłumaczy fakt, że wielu Polaków nie potrafi w praktyce, pomimo tego, że znają i akceptują Ewangelię, odróżnić tego, co katolickie, od tego, co katolickim nie jest; tego, co służy Bogu, od tego, co jest przeciwko Niemu?
Ja wierzę, że miłość zwycięży. Pan Bóg jest miłosierny. Pan Bóg nas kocha. Dopuszcza na nas te różne doświadczenia. Ale myślę, że ludzie w końcu tych grzechów się najedzą. Człowiek, jak się czegoś naje, aż do przesytu, widzi, że to mu szkodzi i że nie tędy droga. Czasem musi sobie nabić porządnego guza, żeby zauważył, że na jego drodze była jakaś przeszkoda. Widać to po tym, jak się ludzie nawracają, jak z wrogów Chrystusa stają się Jego przyjaciółmi, jak z grzeszników stają się świętymi. Widzimy, że to się dokonuje. Miłość musi zwyciężyć. To oczywiste. Jestem optymistą.

Podsumowując tę część naszej rozmowy o Polsce, proszę powiedzieć, czego w tej chwili Polacy najbardziej potrzebują, aby ocalić swoją kulturę i narodową tożsamość?

Trzeba samemu najpierw prawdziwie kochać. Kochać Boga, Jego Matkę i ludzi. Ci, którzy to czują, wiedzą, o co chodzi. Modlić się trzeba o gorącą miłość do Pana Boga. Modlić się trzeba o to, co On nam daje, a więc i o Ojczyznę, o prawdę, o wszystko. Warto przy tym pamiętać, że prowadzi nas Pan. Trzeba się tylko dać Mu prowadzić… A Duch Święty podpowie nam wtedy, co mamy robić. Tylko jeden warunek: jeśli już On powie, co mamy robić, to właśnie to róbmy…

Rozdział VI

Przecież to są dzieci Boże

Czy Ojciec kocha wszystkich ludzi?

Tak.

Czy wszystkich tak samo?

Jeśli pyta Pan o to, czy wszystkich darzę taką samą sympatią, wówczas odpowiem, że nie. Ale co innego miłość. Nią darzę wszystkich.

A przeciwników Kościoła, masonów, ateistów Ojciec kocha?

Przecież to są dzieci Boże, to są też moi bracia. Pan Jezus też ich odkupił, też za nich umarł. Z miłości do Ojca przyszedł do wszystkich, do nich też. Bóg-Ojciec umiłował nas wszystkich. I mimo że ci ludzie nam szkodzą, trzeba zabiegać o ich dusze. Trzeba do nich odnosić się tak, jak do dzieci szczególnej troski. Tak bym wyraził tę miłość do nich.

Czy mamy tutaj zachowywać się tak, jak podpowiada nam przypowieść o zagubionej owcy? Czy mamy zachowywać się jak matka, która ma wiele dzieci i jedne z nich są zdrowe i mądre, a drugie chore i głupie, stąd matka zajmuje się tymi słabszymi, chorymi i głupimi?

Ale tych zdrowych nie opuszcza.

Właśnie. Tych zdrowych nie opuszcza. Ale to, co robi Radio Maryja, jest, jak się wydaje, dla tych najbardziej zdrowych, nie dla tych najbardziej chorych. Jak to Ojciec wyjaśni?

Nie powiedziałbym, że tylko dla tych najbardziej zdrowych. Tam jest pokarm i dla tych bardzo chorych: katecheza, rozmowy, interaktywność. Zastanówmy się równocześnie, dlaczego przychodzi się do tych zdrowych? Po to, aby ich bardziej umocnić i przez nich dojść do tych chorych. To jest droga Kościoła, droga człowieka do człowieka. Droga serca do serca. Pan Bóg później posłuży się tymi umocnionymi, aby umacniali i odszukiwali tych zagubionych, schorowanych.

Oczywiście czynności profilaktyczne umacniają tych zdrowych jeszcze bardziej i ci umocnieni, będąc w tym świecie, mimo woli dadzą świadectwo. Będą bowiem różne sytuacje, w których będzie trzeba dać świadectwo i oni będą to robili. Ale tylko mocni to potrafią. Świadkowie. Prawdziwi świadkowie. Potrzeba wielu gorących, żeby tych zimnych ogrzać. Należy przy tym wystrzegać się obojętności, nijakości, lichości duchowej. W Nowym Testamencie przecież czytamy: „Obyś był zimny albo gorący. A tak skoro jesteś letni i ani gorący, ani zimny, chcę cię wyrzucić z mych ust" (Ap 3, 15n).

Gdy nie było jeszcze Radia Maryja, wielu Polaków było pozbawionych nadziei, miało poczucie opuszczenia i samotności. Wielu z nich wątpiło w to, czy są jeszcze normalni, bo wszyscy dookoła dowodzili im, że są przeżytkiem, jakimś reliktem, reprezentantami świata, który już odszedł. Czy celem Ojca i Radia Maryja nie jest też utwierdzanie w katolickiej ortodoksji, w polskich racjach, a tym samym dawanie nadziei i poczucia siły?

Myślę, że tak mówili nie wszyscy, lecz ci najgłośniejsi. Ci, którzy krzyczeli. Tak naprawdę ich jest niewielu. Robią tylko dużo szumu. Z drugiej strony stało się tak, że ludzie odkryli wielu takich, jak oni sami, zakrzyczanych. Ci, na których krzyczano, których obrażano, odkryli, że nie są sami. Odkryli, że jest ich wielu tak samo myślących. Podobnie myślących. Poczuli się w rodzinie, w której serca podobnie biją, w tym samym rytmie, serca to samo czujące, mające te same pragnienia, podążające za tą samą prawdą. I co najcudowniejsze: ci ludzie poczuli w sobie chęć budowania lepszego świata i lepszego jutra.

Pytałem wcześniej, czym dla Ojca jest miłość do wrogów Kościoła. Do tych ludzi i środowisk, które oskarżają Ojca o ksenofobię, antysemityzm, przypisują Ojcu nienawiść. Co chciałby Ojciec tym, którzy zawsze wiedzą „lepiej", powiedzieć, aby do nich dotarło, aby to w końcu zrozumieli, że Radio Maryja to przede wszystkim miłość, że to zabieganie o to, by było tak, jak chciał tego Chrystus?

Chciałbym powiedzieć przede wszystkim to, że wszyscy jesteśmy braćmi i siostrami. Jesteśmy wszyscy jedną rodziną ludzką. Żyjemy na tej samej, danej nam w posiadanie ziemi. Jesteśmy dziećmi tego samego Boga i musimy jedynie odkryć sens swojego życia. Skąd wyszedłem? Dokąd idę? Jaki jest cel mojego życia? Przecież cel i sens mojego życia nie zamyka się w jednej minucie. Czasu na odpowiedź mamy zawsze za mało, jeśli zwlekamy z odpowiedzią... Czas ucieka, czeka wieczność...

Tak, kocham tych ludzi, mimo iż spotyka mnie od nich wiele zła. Żal mi tylko, że bardzo często ci ludzie rozszerzają błędy, że nie poszukują prawdy, że idą za tym, co nietrwałe, efemeryczne. Jednak nienawidzę zła i nienawidzę kłamstwa. Tego nie mogę znieść. Nie mogę znieść rozplenienia się kłamstwa, rozszerzania choroby. Nam potrzeba rozszerzać miłość. Prawdziwa miłość jest tylko w prawdzie. Nie może być miłości bez prawdy, wtedy jest naiwność. Nie może być też prawdy bez miłości, bo byłaby to tyrania. Kocham wszystkich ludzi, ale występuję przeciwko głoszonym przez nich kłamstwom, lansowanej przez nich demagogii, że celem jest konsumpcja dóbr, doznawanie maksimum wrażeń. To nie może być cel człowieka. Te kłamliwe idee są chore. W dodatku tak traktują człowieka, jakby był górą mięsa. Tak mówił kiedyś André Frossard. Dzisiejsza cywilizacja sprowadza człowieka do góry mięsa z hormonami. Nie wolno mi więc milczeć, jeżeli ktoś rozszerza kłamstwo. I trzeba to bardzo wyraźnie powiedzieć: ja nie występuję przeciwko ludziom, lecz przeciw głoszonym przez nich kłamstwom... Trzeba powiedzieć też to: tylko prawda wyzwala i nie wolno kłamać w imię wolności słowa. Bo tylko w prawdzie człowiek jest wolny, tylko w prawdzie może on odkryć swoją godność i cel ostateczny.

Zawsze zastanawiam się, dlaczego ci ludzie żyjący w kłamstwie Ojca nienawidzą? Czy nie dlatego, że myślą, że skoro oni nienawidzą, to ich też musi się nienawidzić?

Nie jest w mojej naturze nienawidzić. Jest mi takich ludzi żal. Myślę, że tak naprawdę to są bardzo pokaleczeni ludzie i bardzo zagubieni. Musimy się za siebie nawzajem modlić. Ja każdego z redaktorów pewnej gazety, której jestem „ulubieńcem", jako człowieka kocham, ale nie mogę się zgodzić na to wszystko zło, które niektórzy z nich robią. To jest straszne. Nie chciałbym czuć na sobie tej odpowiedzialności za zło, które jest popełniane. To jest zaprogramowane gorszenie wielu. To jest doprowadzanie wielu do ruiny, do duchowej, moralnej ruiny. Co oni powiedzą kiedyś Panu Bogu? Przecież kiedyś też umrą. Jak będą tłumaczyć się z tego, że tak wielu wywiedli na manowce? Nie wystarczy, jeśli się ktoś nawróci, wyspowiada, zrobi rachunek sumienia. Musi jeszcze wszystko naprawić. To jest tragedia… A jej konsekwencje? Nie chciałbym być w skórze takiego człowieka. Dlatego ja nie potępiam, nie oceniam, bo tylko Chrystus przenika wnętrze każdego. Jak zatem mógłbym nie kochać tego człowieka, tego nie rozumiem.

Z tego, co Ojciec powiedział, wynika, że Ojciec się modli za tych ludzi.

Modlę się o ich przemianę, przemianę w każdym z nas, o przemianę w Polsce. Jeśli ktoś błądzi, i ja to widzę, i o tym mówię, to nie znaczy, że ja nie robię błędów. Dlatego modlę się, byśmy wszyscy przylgnęli do Chrystusa, bym ja mocniej do Niego przylgnął. Żeby On wyprowadził nas z błędów, których tak mocno teraz w Polsce doświadczamy.

W takim razie kierując się tą miłością, czego by Ojciec życzył takim ludziom?

Życzę im doświadczenia prawdziwej miłości.

Zarzucano też Ojcu i Radiu Maryja antysemityzm. Czy Ojciec kocha Żydów?

To jest bzdura z tym antysemityzmem. Myślę, że to jest takie rzucanie haseł, przypinanie etykiet, po to tylko, aby drażnić. Polacy nie są antysemitami. Bardzo wiele spraw mi się u Żydów podoba. Ale nie wszystko.

Czy w związku z tymi różnymi atakami, Ojciec ma żal do tych wszystkich, którzy tak boleśnie i niesprawiedliwie ranią?

Ja przede wszystkim nie czytam tego wszystkiego, o czym ci ludzie piszą lub mówią. Jak coś dochodzi do mnie, to wydaje mi się to dziwne. Odbieram to wtedy jako jakieś nieporozumienie. Ale nie czuję żalu. Może to jest zaskakujące, ale takie sytuacje wydają mi się właśnie dziwne. Aby o kimś mówić, to trzeba sobie zadać trud, by go dobrze poznać. Nie wystarczy z nim zjeść beczkę soli… Opiniom o mnie towarzyszą jakieś założenia z góry, jakieś mity. Jedno ciągnie drugie. Wydaje mi się to niepoważne. Nie czuję niechęci, ale często po prostu niedowierzam, że można takie głupstwa opowiadać. Nie mam czasu, by się takim gadaniem zajmować. Pewnie też w końcu bym zgorzkniał, gdybym się tym przejmował. Ale bywa, że czuję, jakby próbowali mnie ukamienować. Staram się wtedy nie odbierać tych uderzeń…

A z drugiej strony sprawa Kościoła. Myślę, że to jest też nieporozumienie. Wierzę, że są to nieporozumienia. Przecież w Kościele obowiązuje nas miłość, obowiązuje nas szukanie prawdy. W nim winny być: jedno serce i jeden Duch. To jest Kościół, którym żyję. Tym bardziej dotyczy to pasterzy Kościoła. Dobry pasterz szuka zgubionej owcy. Pasterz w owce nie rzuca kamieniami. Tak robi najemnik. Marzę o tym, żeby w Kościół nie wchodziły wilki. Wrogowie Kościoła. Myślę, że już to się dzieje. Przeróżne dalekosiężne posunięcia o tym świadczą, że realizowany jest scenariusz, którego celem jest zniszczenie Kościoła. My mamy kochać Kościół, bo Kościół jest organizmem Chrystusa. Chrystus nie tylko założył Kościół, ale On też w nim żyje. Ja Chrystusa kocham i dlatego będę ze wszystkich sił bronić Kościoła. Gdyby do Kościoła wchodziły jakieś konie trojańskie, to też to trzeba zauważyć. Trzeba wszystko pilnie obserwować, i to nie jakieś zewnętrzne sprawy, zewnętrzne dekoracje, lecz poznawać po owocach…

Ojciec mówi, że przeciwnicy Radia nie znają Ojca, ani nie rozumieją. Ale oni mówią dokładnie to samo: „Oni nas nie znają, oni nas nie rozumieją". Ostatnio ukuto taką opinię, którą się powtarza w telewizji i w prasie, że tacy właśnie jak Ojciec Rydzyk i Radio Maryja nie znają tego, przeciw czemu występują, nie rozumieją tego, więc się boją i powodowani tym strachem działają. Skąd u Ojca pewność, że ci ludzie nie mają racji?

Ja nie powiedziałem, że ci moi adwersarze mnie nie znają. Powiedziałem, że aby poznać kogoś, nie wystarczy zjeść z nim beczkę soli. Tak naprawdę to poznajemy przecież po owocach. Nie po pozorach, a po owocach. Nie rozumiem więc takich, którzy uczestniczą we Mszy świętej, są nawet przy Ojcu Świętym, przy biskupie. Ale w życiu społecznym, politycznym zupełnie inaczej się zachowują. Ustanawiają prawa przeciwne Bożemu prawu, przeciwne prawu naturalnemu. Jeśli zatem ktoś pokazuje się z tymi ludźmi, to w pewien sposób kolaboruje. Kto kieruje wyrazy sympatii do tych, którzy czynią zło, uwiarygodnia ich. Ja nie mówię, że tych ludzi nie kocham. Ale widzę wyraźnie owoce, jakie przynoszą. Jeżeli ktoś jest przeciwko życiu, jeżeli ktoś jest za eutanazją, za zabijaniem nie narodzonych, jeżeli ktoś wyraźnie występuje przeciwko własności prywatnej albo za własnością tylko dla niektórych, to jak ja mam o tym nie mówić? To jest chyba jednoznaczne. A jeżeli ktoś jest przeciwko dziesięciu przykazaniom. Pierwsza Konstytucja to dziesięć przykazań. Czy zatem można w odniesieniu do tego, co robię, co robi Radio Maryja, mówić, że się tych ludzi nie zna? Znamy wszak owoce. Widzimy, do czego zmierzają działania tych ludzi… Dlatego występujemy przeciwko takiemu działaniu. Nie robimy niczego innego, jak tylko unikamy zła i czynimy to, co dobre.

Co powinno się więc dawać ludziom, jeśli ich prawdziwie kochamy?

Przede wszystkim miłość. To nie jest dawanie czegokolwiek, to jest raczej bycie z drugim człowiekiem, to jest patrzenie na całego człowieka. To jakiś trudny do wyrażenia dialog. Trudno powiedzieć. Jak – to serce przy sercu podpowie. Miłość patrzy dalekosiężnie. Chodzi o ukształtowanie człowieka. Taki człowiek będzie wszędzie rozlewał dobro, a nie tylko je brał. Taki człowiek będzie więcej dawać. To dobro powinno sięgać aż w wieczność, żebyśmy się przed Panem Bogiem nie zawstydzili…

Ojciec zarysował tutaj dwie perspektywy miłości. Po pierwsze Ojciec stwierdził, że miłość to dawanie siebie, bycie razem. Ale większość ludzi dzisiaj już tego do końca nie rozumie. Na przykład: małżonkowie nie są ze sobą dlatego, że pracują zbyt wiele, rodzice nie są z dziećmi, dlatego, że pracują na dzieci. Wszyscy jakby chcą dać sobie więcej pieniędzy, ale wówczas nie dają siebie. Po drugie: Ojciec powiedział, że kochać to znaczy chcieć dla kogoś dobra. Ludzie, co ciekawe, chcą dobra dla innych i dają im to, co jednak sami uważają za dobre: pieniądze, jakieś luksusy itp. Co powinniśmy, kierując się miłością, dawać innym ludziom, naszym dzieciom, współmałżonkom?

Może w pierwszym rzędzie trzeba popatrzeć, jakie ten drugi ma potrzeby, a nie z góry samemu je określać. Trzeba obserwować, w jaki sposób rozwija się osobowość drugiego. Tak, żeby te moje dary go rozwijały, aby następował jego rozwój duchowy, intelektualny, rozwój zdolności dawania, a nie brania. Pan Jezus powiedział, że więcej jest szczęścia w dawaniu niż w braniu. Tak to widzę. Być po prostu darem.

Nie chodzi zatem o to, co my chcemy dać ludziom, ale o to, czego ci ludzie najbardziej potrzebują?

Czego ludzie najbardziej potrzebują? Szczęścia. Szczęście zaś jest w dawaniu. Chrystus się nam dał. Bóg dał nam swojego Syna. Ciągłe dawanie, aż do rezygnacji z siebie, aż do umierania. Szczęście to jest dawanie z siebie, dawanie siebie, a nie jakieś cierpiętnictwo, męczeństwo.

Dla każdego człowieka powinno to być oczywiste. Ale dzisiaj wielu o szczęściu w takim sensie nie mówi. Dziś szczęście czy dobro to wysoki poziom konsumpcji, luksus, zagraniczne wakacje…

Właśnie. Ludzie pożądają tego, co ktoś im wmówił, że jest dobre. To sprawa formacji. Tu dużą rolę odgrywają media. Kupuj, zużywaj, wyrzucaj – słyszymy na każdym kroku. Te media są w rękach ludzi, którzy nie mają Boga w sercu. Ich Bogiem jest złoty cielec. On zaś coraz częściej wkracza w nasze życie. Gdy jednak przychodzi Chrystus, rozwiązuje te problemy, pokazuje, gdzie jest szczęście. Przyjąć zatem naukę Chrystusa, wziąć Ewangelię. Wziąć Pismo Święte i poszukać, w jaki sposób nasz Nauczyciel, nasz Mistrz, rozwiązuje problemy. Musimy dowiedzieć się, jaka jest nasza chrześcijańska droga. Taką drogę przebywała Polska. I wtedy była szczęśliwa. Taka była Polska, gdy była z Chrystusem. Rozmawiajmy na te tematy: Chrystus w dziejach narodu. Jakie były te dzieje? Ile nasz naród wniósł dobra i piękna w ten świat? A piękno i dobro zawsze zachwycają. Widać, jak pociągają ludzie, którzy są dobrzy, pełni miłości. Widzę, jak Ojciec Święty pociąga, chociaż w tej chwili jest tak bardzo cierpiący. On wprost przykuwa uwagę. Przy nim człowiek czuje się szczęśliwy. To jest radość patrzeć w jego oczy. Szczęście to bowiem ciągłe dawanie. A recepta na szczęście: nauczyć się dawać, nauczyć dzielić się miłością, sobą, chlebem, ale i wiedzą… Po prostu szczęście to owoc dzielenia się wszystkim ze wszystkimi w duchu miłości.

> Wynika z tego, że recepta jest prosta. Ludzie mają szukać miłości i dawać ją. Z tego by wynikało, że ta cała Unia Europejska jest bez sensu, że ta polityka jest bez sensu, bo ludzie biegają nie za tym, za czym trzeba. A to, co trzeba, jest w zasięgu wyciągniętej ręki.

Może i taka Unia jest bez sensu. Nie ma tam sensu ani człowiek, ani jego życie. Tam sensem jest konsumpcja. Silniejszy pożera więc słabszego. To jest dżungla. A w dżungli obowiązują prawa drapieżników. Bo to oni zwyciężają… W prawdziwej unii wszystko winno być budowane na miłości. To, co powiedział Chrystus: Aby wszyscy byli jedno (por. J 17, 20-26). Dopiero gdy miłość będzie rządziła sercami, ludźmi, państwami, narodami, stanie się jedność. Jedność bowiem budowana być może tylko na miłości, na prawie miłości. Nigdy na prawie dżungli. Bo bez miłości jest dżungla, a w dżungli zwycięża bardziej drapieżny. To jest nasze nieszczęście taka Unia. Doświadczamy tego, co robią z Polską. Niszczenie absolutne przez drapieżników, czego powoli zaczynamy doświadczać…

> Czy nie trzeba zatem ludziom przypominać, że bez Chrystusa nie ma miłości, a bez niej trudno nawet marzyć o jedności, o unii?

Najpierw trzeba Chrystusa poznać. Wielu ludzi nie zna Chrystusa. Żyjemy, co prawda na kontynencie, gdzie się słyszy o Chrystusie, ale ludzie wcale Go nie znają. A dopiero po poznaniu może nastąpić przyjęcie Jego osoby. Trzeba przejść tę drogę. Poznać i pokochać. Przyjmuję to, co kocham. Należy więc odkryć Chrystusa, żeby zobaczyć, jaką jest wielką szansą i miłością. Jak Go takim poznamy, to nie będziemy obojętni. Pójdziemy za Nim albo staniemy przeciwko Niemu… Ten etap poznania Chrystusa jest konieczny. Po poznaniu jest albo ukochanie, albo odrzucenie. Apostołowie najpierw zobaczyli Chrystusa i zauroczył ich. Poszli za Nim, pokochali Go tak, że później umierali za Niego. To samo działo się z pozostałymi uczniami Chrystusa w całej historii Kościoła.

> Może nieco odbiegam od głównego nurtu naszych rozważań, ale dręczy mnie takie prozaiczne pytanie: Czy wpierw musimy pokochać Chrystusa, żeby nauczyć się kochać ludzi, czy wpierw musimy pokochać ludzi, żeby pokochać Chrystusa? To jest problem podobny do tego, który pojawia się w domach dziecka. Dzieci cierpią na chorobę sierocą. Ta choroba polega na tym, że takie dziecko nie potrafi kochać, nie umie przyjmować miłości. Będzie więc często kiedyś nieszczęśliwe…

Myślę, że Pan Bóg wszczepia w nasze serca i pragnienie miłości, i zdolność kochania, i – co najważniejsze – ciągle uczy nas tej miłości. Jeżeli człowiek nie słyszał o Chrystusie, to ma w sobie to pragnienie kochania i Bóg kiedyś doprowadzi tego człowieka do odkrycia Chrystusa. To tak jak miłość narzeczonych. Pierwsze olśnienie powoduje, że człowiek bardziej może pokochać Boga. Ta zaś miłość uzdalnia człowieka do tego, by bardziej kochał tę bliską sobie osobę… Innymi słowy: gdy odkryjemy Chrystusa, Jego miłość, to jeszcze bardziej kochamy człowieka. To jest jakaś dziwna ewolucja. Tak to widzę. Szczytem jest miłość w Bogu i widzenie w Nim wszystkiego. Tego doświadczam na tym etapie mojego życia.

Niektórzy zastanawiają się, dlaczego w średniowieczu nie rozwijała się gospodarka, technika. I ja się też nad tym zastanawiałem i teraz mówię swoim słuchaczom, że dlatego się nie rozwijała, bo było wiele spraw uznawanych wówczas za ważniejsze… Ważniejsi są przecież ludzie, ważniejszy jest Bóg i obecność. Żeby była radość, miłość – musi być obecność. Obecność to czas. W zasadzie naszym problemem jest brak czasu. Za tym brakiem czasu idzie brak obecności. Jeżeli ludzie się nie znają, jeżeli nie znają się rodzice z dziećmi, nie znają się małżonkowie, to jak ludzie mogą znać Boga? Żeby poznać Boga, trzeba być z Nim. Mieć dla Niego czas. Czy nie powinniśmy uczyć się tego, aby mieć więcej czasu? Czy nie winniśmy odrzucać tego, co jest niepotrzebne, żebyśmy nie tyle budowali ten świat fizyczny, ile świat duchowy? Czy nie trzeba zacząć ćwiczyć przebywania razem, nie tylko w rodzinie, ale w większych wspólnotach?

Myślę, że taka sytuacja nie jest skutkiem braku czasu, tylko skutkiem ulegania pokusie braku czasu. Czas od wieków mamy ten sam – 24 godziny na dobę. Ale czy mamy umiejętność zorganizowania sobie tego czasu? Tu trzeba umiejętnie ustawić proporcje. Nie można ulec pokusie jakiegoś zagonienia, pokusie aktywizmu. Dokładnie trzeba zrobić rachunek z gospodarowania czasem. Rachunek strat i zysków. Może wtedy zobaczymy, że mamy jednak czas na rozmowę z drugim człowiekiem, na spotkanie z nim. Ale to spotkanie z nim, to przebywanie z drugim człowiekiem nie jest celem samym w sobie. Celem nie jest wzajemna adoracja i wpatrywanie się w siebie. My mamy razem patrzeć przed siebie i iść razem. Nie jesteśmy bowiem nawzajem sobie celem. Celem jest wspólna droga do Boga. Mamy też po drodze cieszyć się sobą, ale największą radością jest Pan Bóg. To do Niego mamy zdążać. Pamiętajmy: ostatecznym celem jest tylko ta Miłość, do której ostatecznie zdążamy, dzięki której sens zyskuje nasze życie.

Ojciec mówi o tym, że trzeba mieć czas. Ojciec sam jednak wciąż nie ma czasu.

To prawda, że bardzo dużo czasu poświęcam Radiu Maryja. Jest wiele spraw. Mam jednak sporo czasu. Mam czas, aby odpocząć, aby się czymś ucieszyć. A nie mam czasu, by go tracić…

Rozdział VII

Pycha ożeniona z głupotą

New Age i inne różne formy neopogaństwa prowadzą ludzi do przyjęcia satanistycznej formuły prawdy: „Prawdą jest to, co ty uznajesz za prawdę". Wydaje się, że taki pogląd jest coraz bardziej powszechny wśród wielu katolików. Przykład? Choćby poglądy Anthony'ego de Mello. Nawet kiedy Kościół powiedział, że jego niektóre wypowiedzi są całkowicie sprzeczne z wiarą, to świeccy, a często i księża, nadal mówili: „Ja tu nie widzę żadnego zagrożenia, dla mnie to jest zdrowe i dobre." Teraz to samo jest z Harry'm Potterem. Jak się ludziom na spotkaniu przedstawia argument za argumentem, to ktoś wstaje i mówi: „Ja nie widzę tu zagrożenia, dla mnie tu nie ma zagrożenia". W ten sposób piszą nawet w prasie kościelnej niektórzy księża. Fakt, że Gabriele Amorth, oficjalny egzorcysta diecezji rzymskiej, stwierdził: „Za gorączką potteromanii kryje się szatan", jakoś ich nie porusza. Czy pycha nie jest zagrożeniem już nie tylko dla samego człowieka, ale i dla wiary? Jak z tą pychą walczyć?

Myślę, że dotknął pan tutaj takiego zjawiska, o którym ja bym powiedział, że jest to pycha ożeniona z głupotą. Można chyba powiedzieć, że świat dziś nasyca się coraz bardziej ignorancją i niewiedzą. Trzeba zatem pogłębiać wiedzę. Ci ludzie, którzy mają dużą wiedzę, są ludźmi światłymi. Są przy tym ludźmi skromnymi. Widzą, jak wiele nie wiedzą. Mają świadomość, że wiedzę ciągle trzeba pogłębiać. Stąd człowiek poszukujący nie jest zamknięty, ale otwarty na wiedzę, na formację. Jest przy tym pełen pokory, która jest patrzeniem prawdzie w oczy. Prawdę zaś cały czas się odkrywa, cały czas jej się poszukuje, cały czas ku niej się dąży. Podstawowy błąd modernizmu polega na tym, że wbrew logice głosi, iż nie ma żadnej prawdy, że prawdą jest jedynie to, że nie ma prawdy. To jest błąd, to modelowy przykład absurdu! Nie ulegajmy mu!

Jakie są dziś największe zagrożenia dla wiary?
Słuchanie tego, który jest ojcem kłamstwa.

A jak rozpoznać tych, którzy słuchają ojca kłamstwa?
Mamy naukę Kościoła. Wystarczy dziesięć przykazań i rachunek sumienia robiony w oparciu o Dekalog. Trzeba codziennie robić sobie taki rachunek sumienia i człowiek da sobie radę. Ale najlepiej słuchać nauki Kościoła we wszystkich aspektach. Poznawanie nauki Kościoła, dalej osobista, codzienna modlitwa, życie Eucharystią, życie w łasce uświęcającej. Potrzebna jest spowiedź, czyli ciągłe oczyszczanie się. Dbać o to, by spowiedź traktować jako duchowe prowadzenie, mieć stałego spowiednika, przewodnika w życiu duchowym.

Czy uważa Ojciec, że inne są zagrożenia dla Kościoła, a inne dla wiary?
Nie. To jest to samo. Ja nie widzę tutaj różnicy. Mówimy ciągle o wierze katolickiej. Jak wiara katolicka

to w Kościele. Jeżeli Kościół jest zagrożony, to i wiara jest zagrożona. I odwrotnie, jeśli wiara jest zagrożona, to Kościół też. To idzie razem.

> Chodzi mi o to, że Kościół może chorować także z powodu innych chorób niż te, które dotykają samej wiary. Mam tu na uwadze czynnik ludzki, niedoskonałość każdego z nas, co może wpływać na zły wizerunek Kościoła.

Nie jesteśmy doskonali i ciągle będą jakieś braki. Kościół jednak wciąż wzrasta w świętości. Jest święty, bo święty jest jego Założyciel. To jest ta świętość ontyczna, ale jest też świętość moralna. O ile my będziemy święci, o tyle bardziej święty będzie Kościół. I jeżeli Kościół choruje, to dlatego, że chorujemy my, bo my jesteśmy Kościołem. Jeżeli zaś w Kościele są święci, to Kościół jest o wiele zdrowszy.

> A czy sami, będąc nieco chorzy, możemy, a może nawet powinniśmy dzisiaj nawracać innych?

Pan Jezus wyraźnie powiedział: „Idźcie i nauczajcie wszystkie narody, chrzcząc je w imię Ojca i Syna, i Ducha Świętego" (por. Mt 28, 19). „Kto uwierzy i przyjmie chrzest, będzie zbawiony, a kto nie uwierzy, będzie potępiony" (Mk 16, 16) i nigdy tego nie odwołał. To jest nakaz dany Kościołowi. Rodzi się tylko pytanie: czy nawracać wprost, czy postępować delikatniej? To jest jakieś uprawianie sofistyki, gadanie, że nie wolno nawracać. Pan Jezus wyraźnie powiedział, co trzeba robić. Nie słuchajmy tych podpowiadaczy i poprawiaczy samego Chrystusa.

Myślę, że jest to nasze duchowe lenistwo, nasz brak gorliwości i motywacji, coś, co wykorzystują wrogowie Kościoła pod pozorami dialogu między religiami. Udają i ludzi zwodzą. Jezus powiedział wyraźnie, co trzeba robić, że trzeba iść i głosić Ewangelię. Więcej, św. Paweł mówi: „Biada mi, gdybym nie głosił Ewangelii!" (1 Kor 9, 16). Mamy głosić w porę i nie w porę. Mamy głosić Jezusa Chrystusa. Jeśli tego nie czynimy, popełniamy grzech, który, by uspokoić sumienie, stroi się w pozory dobra. Róbmy zatem swoje, róbmy zatem to, co Pan Jezus polecił. I koniec, nie ma tu dyskusji… Jest tylko problem, jak powinniśmy to robić. Z wielką miłością, tak jak Chrystus. Trzeba uważać, aby nie ranić językiem, słowem. Czy przy tym mamy mówić, że będziemy nawracać? Czy raczej winniśmy mówić, że idziemy głosić Ewangelię. Chodzi o to samo, żeby wszyscy uwierzyli w Chrystusa, który odkupił każdego z nas.

Wróćmy do niebezpieczeństw i zagrożeń dla wiary. Zacznijmy od tych najbardziej podstawowych, które nas tutaj dziś w Polsce dotykają.

Powiedziałem wcześniej, że albo Polska będzie Chrystusowa, albo jej nie będzie w ogóle. Zagrożeniem dla nas, Polaków, jest pójście w kierunku, którego nam nie wskazuje Chrystus. Chrystus jest dla nas szansą. Szansą jest Jego nauka i miłość. Ale trzeba Go przyjąć na serio…

Ojciec nie do końca chyba odpowiedział na moje pytanie. Z wypowiedzi Ojca wynika jednak jasno, co

Ojca boli i co Ojciec uznaje za najważniejsze pole działania dla siebie.

Mogę Panu odpowiedzieć bardzo wyraźnie. Nie boję się odpowiedzi na pytania. Wiem, że nigdy chrześcijanie nie byli zapewniani przez Chrystusa, że będzie im dobrze na tej ziemi. Chrystus powiedział wyraźnie: Jeżeli będziecie moimi świadkami, jeżeli będziecie mi wierni, to świat będzie was nienawidził (por. J 15, 18-25). Gdyby ten świat, świat w znaczeniu mocy ciemności, nas chwalił, to byłoby bardzo źle. Przecież my mamy być światłem świata, solą ziemi. Mamy przemieniać ten świat. Przemieniać Jego mocą. To On ma przemieniać świat przez nas. My mamy być Jego narzędziami. Dlatego nie widzę żadnych nowych zagrożeń. Bo przecież właściwie od zawsze trwa walka księcia ciemności z Panem Bogiem.

Chodziło mi o coś innego. Pytałem o podstawowe, kluczowe zagrożenia dla wolności, dla duchowości, moralności każdego człowieka?

Zły ma swoje metody i narzędzia do rozpowszechniania błędów. To oczywiście jest smutne, ale tej próbie zawsze będziemy mniej lub więcej poddawani. Tak było zawsze, w całej historii ludzkości. Musimy widzieć, gdzie jest niebezpieczeństwo, zwłaszcza jeśli chodzi o dzieci i młodzież. Dlatego tak bardzo w tej chwili potrzeba świadków. Mocnych świadków.

Kiedyś dostałem kartkę w Niemczech. Na tej kartce nie było żadnego widoczku, tylko napis po niemiecku: „Droga do źródła prowadzi pod prąd". Wiem, że źródłem jest Jezus Chrystus i zawsze droga do Jezusa Chrystusa i bycie z Nim są związane z wysiłkiem pójścia pod prąd. Powiedziałbym to nawet tak: Bycie z Chrystusem to – radość pójścia pod prąd. Nie z prądem. Z prądem płyną tylko zdechłe ryby. Pod prąd płyną tylko żywe ryby. One nawet nie muszą się bardzo wysilać. Podobnie rzecz się ma z chrześcijaństwem: Nie bać się, tylko iść pod prąd. Jeżeli jestem chrześcijaninem, nie muszę w sposób sztuczny tego demonstrować. Nie być bigotem. Trzeba być bardzo nowoczesnym w środkach i zachowywać się normalnie. Czynić sobie ziemię poddaną.

Dziś szatan prowadzi bój o wpływanie na rozwój osobowości. Idzie on po linii ludzkich pragnień, po linii doznań. Po linii bardzo zewnętrznej, po linii zmysłów. Gdy patrzę na dzieci, na młodzież, to widzę, że są od samego początku przyzwyczajane do tego, że Boga nie ma. Uczy się je takiego zachowania, jakby Boga nie było. Jakby nie było sfery duchowej. Tylko doznania. To jest najniebezpieczniejsze, bo jest to uderzanie w szóste przykazanie, w problem czystości. Szatan uderza w to, co jest bardzo ciekawe dla młodzieży, dla dzieci. Akurat w tym momencie, gdy w młodych ludziach ma miejsce burza hormonów. Zależy mu na tym, by w tej sferze wprowadzić nieład i w ten sposób wykoślawić osobowość tych, którzy jeszcze duchowo i mentalnie nie okrzepli. Kiedyś jeden z mistrzów Wielkiej Loży Wschodu powiedział: „My Kościoła nie zniszczymy siłą argumentów. My zniszczymy go psuciem obyczajów". To jest właśnie ta dziedzina. Później na tak przygotowany grunt wchodzą narkotyki. Później jeszcze magia. A to wszystko zamiast religii i miłości Boga, zamiast właściwego rozwoju ducha. Taka droga prowadzi nawet wprost do kultu szatana. Chodzi o to, żeby poddać mu człowieka od dzieciństwa. Dlatego my mamy być świadkami Chrystusa. Mamy pokazać, co jest szansą wynikającą z przyjęcia Chrystusa. Smutne jest, że to się też dokonuje w Polsce katolickiej od tysiąca lat, że niektórzy Polacy idą za tym. Myślę, że w dużej mierze jest to wina chrześcijan, którzy stali się bardzo powolni i ospali w swoim działaniu. Trzeba nam zatem modlić się o ogień wewnętrzny. O taki ogień, który nie pozwoliłby być ospałym, gdy widzimy panoszące się zło, który nie pozwoli nam siedzieć z założonymi rękami. Szatan się cieszy, gdy my tylko kibicujemy w tej walce o ludzkie dusze, czekając bezmyślnie na to, co się jeszcze wydarzy. Trzeba, żeby w naszych sercach była ogromna miłość do Pana Boga. Tylko taka miłość zdoła się przeciwstawić zakusom złego, któremu służą: radio, telewizje, prasa. Widać, że szatan jest uzbrojony jak Goliat – po zęby. W moim przekonaniu nie mamy takiego uzbrojenia. Media tutaj odgrywają niesamowitą rolę. Ci, którzy wyrywają człowiekowi jego duszę, którzy chcą go użyć do swoich celów, ci ludzie mają media, mają pieniądze, oni się zorganizowali. Oni są uzbrojeni po zęby jak Goliat. Obyśmy my w tej sytuacji byli takim małym kamyczkiem, jak ten kamyczek w ręku Dawida. Ale tym Dawidem niech będzie Maryja. To jedyne rozwiązanie: Pan Bóg przychodzi z pomocą i Matka Najświętsza przychodzi z pomocą.

Szatan działa na ludzi w naszych czasach w jakiś szczególny sposób: intensywny, agresywny. Widać to na całym świecie, widać także w Polsce. Wydaje się, o czym Ojciec już wspominał, że szczególnym zainteresowaniem szatana cieszą się zmysły.

Pan Bóg stworzył też i zmysły. One również są Jego darem. Wszystko jest Jego darem. Może powiem inaczej, może nazbyt trywialnie, ale wyraźnie: Je się po to, aby żyć, nie żyje się po to, aby jeść. To nie powinno być celem zmysłów. Tak więc nie tyle przyjemności, nie tyle konsumpcja, ile harmonijne współdziałanie z innymi władzami człowieka. Po to, by człowiek był zdolny do pełnego przeżywania swego człowieczeństwa, do przeżywania dojrzałej miłości, która jeśli ma być prawdziwa, musi być zapodmiotowana w Bogu.

Szatan działa w dwóch płaszczyznach, to znaczy w sferze materialnej i duchowej. W tej pierwszej rozbudza zwierzęce instynkty i rozbudza zmysły, starając się na nich skupić uwagę człowieka. Szatan w sferze duchowej działa na intelekt i na wolę człowieka. Dzisiaj wydaje się, że działa na intelekt w ten sposób, że stara się go uśpić. Natomiast na wolę działa w ten sposób, że stara się wzbudzić w człowieku to, co było przyczyną jego własnego upadku, czyli pychę. Które działanie szatana jest dla nas największym zagrożeniem?

Przede wszystkim powiedziałbym, że szatan jest jak hydra. On jest przecież jednym z najinteligentniejszych duchów. Ma, poza tym, dużo praktyki, tysiące lat. Rozpracowuje człowieka. Od chwili, kiedy Pan Bóg tchnął życie w Adama. Wie zatem, jak człowieka podejść. Człowiek zacznie ćwiczyć pokorę, a wyjdzie coś innego, np. lenistwo. Trzeba więc całościowo pracować nad sobą i nie bać się niczego. Ale trzeba wiedzieć, że jeżeli człowiek ma w sobie pychę, to za nią idą inne grzechy. Pycha stoi na pierwszym miejscu pośród siedmiu grzechów głównych. Za pychą idą chciwość, lenistwo, nieczystość, nieumiarkowanie w jedzeniu i piciu i gniew... Dlatego trzeba pracować nad całym człowiekiem. Najłatwiej jest mi rozwiązywać te problemy, gdy patrzę na Chrystusa. Właśnie teraz, gdy jedziemy tą zaśnieżoną drogą, gdy widzę w duchu twarz Chrystusa i pytam się Go: „Co Ty na to, Jezu Chryste?". Patrzę w Jego oczy, w Jego Serce i ciągle dokonuję retrospekcji, ciągle się oceniam. Co jest tak naprawdę w moim życiu, w poszczególnych czynach? Czy Ty, Panie, chcesz tego, co właśnie teraz robię? Nie czy ja chcę, ale czy Ty tego chcesz? To, co już przedtem powiedziałem: przyjąć i poznać Chrystusa. Być z Nim cały czas. Na co jeszcze bym zwrócił uwagę? Choćby na to, by w ogóle o szatanie nie myśleć. I nie bać się go wcale. On nam nic nie zrobi, gdy jesteśmy z Chrystusem. Nasza moc płynie z mocy Chrystusa, bo On nas osłoni. Kiedy są takie trudne momenty, modlę się tak: „Panie Jezu, osłoń mnie swoją Krwią". Gdy odprawiam Mszę świętą, to wystarczy mi chociaż krótkie spojrzenie po Przeistoczeniu na hostię i na kielich. Wiem, że są to Jego Ciało i Jego Krew. Toteż, gdy patrzę na kielich, mówię: „Zanurz mnie w Twojej Krwi". Jestem pewien, to nie są jakieś fantazje. On naprawdę osłania. Ma przecież różne metody. Doświadczam tego.

Czy nasze czasy są najtrudniejsze? Myślę, że każdy czas dla człowieka jest najtrudniejszy i... każdy też jest najpiękniejszy. Ale zawsze jest łaska Boża i zawsze jest ten sam Chrystus i Jego moc, która jest o wiele większa niż jakiekolwiek przeciwności. On osłania nas swoją miłością i nas prowadzi. A trudności to są tylko takie poprzeczki, które trzeba pokonać, przeskoczyć. Nie przeskakujemy ich sami. To On z nami je pokonuje... Po prostu nas przenosi. Trzeba tylko tego chcieć i włożyć pewien wysiłek w to pragnienie – wysiłek chcenia. W takiej chwili zwracam się myślą ku Maryi. My mamy postępować jak Ona. Jej, ale i nasz początek to: Fiat. Niech się stanie. Jestem z Tobą. Chcę Twojej miłości. Daj mi jej doświadczyć... Potem życie staje się niesamowitą przygodą. Takiego życia, tego wszystkiego trzeba się jednak uczyć. Dzień po dniu. Tak. My uczymy się Boga, ale i On się nas uczy... „Uczę się ciebie, człowiecze" – powiedział kiedyś Karol Wojtyła. Nie wiem, czy można było wyrazić to piękniej...

Uczę się więc tego, kim jestem przy moim Mistrzu, który jest ze mną zawsze. On jest nie tylko nauczycielem, nie tylko Tym, który przygotował mi miejsce w niebie. On jest tym, który cały czas mnie zbawia. Nie tylko wtedy na krzyżu. Ale cały czas. To On jakoś aktualizuje to zbawienie w moim życiu... A nasze czasy nie są najtrudniejsze. Są na pewno groźne. To jest najgorsze, że to zło idzie przez media i że zło ma ogromne środki, pieniądze... Ale szatan nic nie zrobi, jeżeli będą świadkowie. Potrzeba nam – powtórzę – mądrych ludzi, którzy będą to wszystko rozumieli i będą mieli właściwie uformowane serce, hierarchię wartości, którzy odkryją sens życia i ten sens będą wskazywali innym. Takich ludzi nam potrzeba, takich świadków. Cóż mi z tego, że ja odkryję sens życia, gdy będę egoistą i wszystko dla siebie zachowam. Miłość każe się dzielić. Nie można patrzeć, jak drugi człowiek ginie. Trzeba człowieka ratować. Ja nie zbawię się sam, tylko z innymi. Nie stanę przed Panem Bogiem sam, tylko z innymi. Z innymi idę przez tę ziemię. Z tymi wszystkimi wokół mnie. Stąd troska o drugiego człowieka. O całego człowieka, aż po jego zbawienie. O jego miłość do Chrystusa.

Jak walczyć z tym złotym cielcem, który próbuje nas sobie kupić, nami zawładnąć, pozbawić nas wolności prawdziwej?

Trzeba w sobie rozwijać sprawności duchowe, czyli cnoty. Tak jak kiedyś harcerze. Oni rozwijali sprawności, żeby każdy z nich umiał sobie coś uszyć, ugotować, przeskoczyć jakąś przeszkodę. Tak samo i w życiu duchowym, moralnym, trzeba rozwijać te sprawności, które pomogą mi to życie moralne i duchowe pielęgnować. A dlaczego troszczyć się tak o to, czego przecież nie widać? Dlatego że życie na tym świecie i wszystko, co się z tym wiąże, nie jest celem samym w sobie. Jest to jedynie środek do osiągnięcia celu, którym jest niebo. Życie to nic innego, jak ofiarowany mi przez Boga czas, podczas którego idę na spotkanie z Nim. Wszystko jest tylko środkiem do osiągnięcia tego najważniejszego celu. Trzeba więc starać się o dojrzałość: intelektualną, wolitywną i emocjonalną. Ale i tę religijną, i fizyczną. Tak, aby była w nas prawdziwa harmonia.

> Czy nie jest tak, że dzisiaj jedną z najbardziej potrzebnych cnót jest wstrzemięźliwość. Ona jest potrzebna ze względu na akcent, który ten świat stawia na zmysłowość, na konsumpcję.

Wstrzemięźliwość też. Myślę, że jednak wszystkie cnoty są potrzebne, nie tylko jedna z nich. Wszystkie. Są jeszcze roztropność i sprawiedliwość. Jest męstwo. Są więc cztery cnoty kardynalne, ale są i cnoty teologalne. W tych cnotach mieści się i miłość. To tak jak dziesięć przykazań Starego Przymierza mieści się w dwóch przykazaniach Przymierza Nowego, w miłości Boga i bliźniego.

> Ojciec odpowiada jak doktorzy Kościoła.

No to przyjmę chętnie tytuł doktora *humoris causa.*

> Ojciec mówi jak Grzegorz Wielki. On uczył, że jeżeli będziemy rozwijali tylko jedną cnotę, a inne nie, to nie rozwiniemy żadnej cnoty. To, co osiągniemy w takim przypadku, to będzie raczej stan jakiejś patologii. Ale załóżmy, że ktoś rozwija swe cnoty równomiernie i jest tak, jakby zakładał jakiś pancerz na siebie. Tyle że szatan kieruje atak w konkretne miejsca. Czy tych miejsc właśnie w sposób szczególny nie trzeba chronić?

Oczywiście, jeżeli strzelają w jedno miejsce, to tę ścianę trzeba wzmocnić. Ale nie osłabiać żadnej innej. To jest może tylko chwilowy atak na to konkretne miejsce. Cnoty to taki pancerz, który chroni przed pokusami. Im bardziej rozwijamy cnoty, tym szczelniej ich pancerz nas osłania. Jeżeli – widzimy to z codziennego doświadczenia – cały organizm jest silny, to nie chwyta go ani grypa, ani zaraza, ani inne paskudztwo. Musi być silny cały organizm.

Czy nie jest wielkim zagrożeniem to działanie szatana i jego sług, które zmierza do wyłączenia w człowieku myślenia, do uśpienia intelektu? Gdy to się udaje, ludzie przyjmują każdą głupotę, jakby to była mądrość.

Tak, takie ataki przypuszczane są już na małe dziecko. W sposób bardzo perfidny, w pięknych opakowaniach przychodzi do tego jeszcze nie uzbrojonego w cnoty człowieka zagrożenie. Dziecko bowiem chce tego, co piękne, kolorowe, radosne. To zło jest więc ukryte w pięknych, złudnych opakowaniach. Przychodzi często w masce dobra. Dlatego tu jest potrzebne, żeby dorośli byli dojrzali i uczyli już od początku swe dzieci myśleć, właściwie wybierać, wartościować, motywować. To rodzice, najbliżsi muszą dzieciom tłumaczyć, dlaczego to jest tak, a tamto inaczej. Dzieci muszą się umieć odnaleźć w każdej sytuacji, aby umiały z każdej umiejętnie się wycofać. Te czasy są od tej strony trudniejsze, bo człowiek jest odsłonięty na wszystko. Dlatego trzeba tego człowieka umacniać. Cały duchowy system immunologiczny każdego z nas musi być wzmocniony.

Niektórzy mówią, że szatan wywołuje bezmyślność czy głupotę, odcinając ludzi od prawdy i mądrości, skierowując ich ku temu, co jest jego domeną, czyli ku fikcji, ku temu, co w istocie nie istnieje. Od prawdy odcina ludzi na przykład telewizja czy odpowiednio spreparowane elementy kultury. Dziś media i znaczna część kultury starają się przenieść człowieka w świat fikcji. Odrywanie ludzi od mądrości to jest po prostu zabieranie im filozofii realistycznej, dawanie im w zamian filozoficznych pozorów, wyrafinowanych, ale pustych konstrukcji. Czy jakąś odpowiedzią na te zagrożenia nie jest szczególne uwrażliwianie na rzeczywistość, skierowanie uwagi na żywych ludzi, żywą przyrodę. Czy nie potrzebujemy prawdziwej, realistycznej filozofii jak powietrza? Czy bez filozofii, będącej przecież umiłowaniem mądrości, nie gubimy się jako ludzie i jako katolicy i nie zaczynamy robić głupstw?

Przecież dobra filozofia to jest dobre myślenie, a myślenia trzeba ludzi uczyć. Człowiek nie może tylko ograniczyć się do tego, aby umiał jakoś mechanicznie posługiwać się czymkolwiek. Przyroda należy do całości świata. Byłoby dziwne, gdybyśmy nie obcowali z przyrodą. Byłoby też dziwne, gdybyśmy nie obcowali z dobrą muzyką. Ciągle mowię o harmonii. Gdy Bóg stworzył świat, to powiedział, że wszystko było bardzo dobre. Powiedział, abyśmy się rozwijali, abyśmy czynili sobie ziemię poddaną. O to chodzi. Trzeba to wszystko wyważyć. Trzeba też nauczyć się samemu to wszystko widzieć, to wszystko, czego mi brakuje. To jest tak jak w organizmie. Organizm nasz czasami nie funkcjonuje dobrze, bo okazuje się, że brakuje nam jakiegoś składnika, jakiegoś minerału. Nasze komórki potrzebują takiego czy innego. A czasami potrzeba mu po prostu snu albo trochę ruchu. Tak samo tutaj. Człowiek musi być w koegzystencji z całym światem. Chodzi tu o tę harmonię. Pan Bóg nam w tym pomaga, pomaga nam w tym Jego miłość, nauczanie Kościoła. Kościół naucza tego, co dał nam Chrystus, co dał nam Ojciec przez Chrystusa.

Rozdział VIII

Powinniśmy służyć

Powiedział kiedyś Ojciec, że najpierw myślał o centrum ewangelizacji, a później przyszedł ten pomysł, że jednak powinno powstać radio, lecz gdzieś słyszałem i taką wypowiedź Ojca, że Ojciec myślał o upowszechnianiu książki katolickiej i ktoś zasugerował, że jak będzie radio, to upowszechnianie książki stanie się szersze niż przez nią samą. Jak więc właściwie zrodził się pomysł Radia Maryja, kiedy i w jakich okolicznościach?

Myślę, że Pan Bóg zawsze daje nam wszystkiego więcej, więcej i lepiej, niż my się modlimy, niż pragniemy. Było pragnienie centrum ewangelizacji… Ale w tym pragnieniu Pan Bóg widział chyba jakąś nielogiczność. Bo jeżeli Chrystus ukochał wszystkich, za wszystkich umarł, wszystkich odkupił, jeżeli Pan Bóg tak umiłował świat, że swojego Syna dał, jeżeli to jest taka miłość, to dlaczego o tej miłości nie mówią wszyscy. Ciągle to mi jakoś nie dawało spokoju, dlaczego tylko księża w kościele mówią o tym przez krótkie chwile, a ludzie idą potem w życie jak gdyby nigdy nic i wracają do życia, zupełnie jakby Boga nie było. Często to dostrzegałem i dostrzegam, dlatego mówiłem: centrum ewangelizacji, informacja, formacja i tutaj było to pragnienie, było to szukanie dróg. I widzę w tej drodze jakieś przygotowanie. Radio Maryja jest zaś dla mnie wielkim cudem od samego początku: że zaistniało, że istnieje i rozwija się. Z tym zaistnieniem to jakoś

Pan Bóg poprowadził tak, że ktoś mi zaproponował telefonicznie, bym mu pomógł rozpowszechniać książki. Ten ktoś, kogo wcześniej nie znałem, miał dać pieniądze, a ja miałem rozpowszechniać te książki. I tak się rozpoczęło. Doszliśmy do pół miliona egzemplarzy książek, wtedy nawet myślałem o katechizmach do Związku Radzieckiego, ale ciągle przeliczałem: ile kosztowały już te książki, ich wydanie, a mimo to one często leżą gdzieś na półkach czy w magazynach. Poza tym książki nie cały czas są czytane, więc jakoś ta prawda, te idee zawarte w nich są blokowane. Co zatem robić? Pomogli mi w tym ludzie znajomi, spotkani księża, zakonnicy, bardzo mocno jeden Włoch, zakonnik, pomogły rozmowy, nieustanne szukanie dróg wyjścia, spotkania z ludźmi podobnie myślącymi. Tak zrodziła się idea radia. W radiu – myślałem – można katechizować, a więc jest katechizm. Jest katecheza i potem może być rozmowa. To jest o wiele żywsze, poza tym radia można słuchać przy różnych okazjach. Żeby czytać książkę, trzeba znaleźć czas, trzeba usiąść. Ona nie tak szybko dochodzi do człowieka, nie ma takiej możliwości, żeby tak szybko coś przekazać jak radio. Radio to środek szybszy i nie tak jak książka skomplikowany. I tu widzę te wszystkie modlitwy o centrum nowej ewangelizacji. Był, pamiętam, taki etap w moim życiu – ponad dwa lata wielkiego cierpienia. To cierpienie ofiarowywałem w intencji tego centrum i w tym cierpieniu też się o nie modliłem. Kiedyś szedłem ulicą, miałem różaniec w ręku. Trzymałem rękę w kieszeni płaszcza, odmawiałem różaniec i mówiłem: „Daj mi, Boże, to centrum nowej ewangelizacji". I nie zapomnę tego:

stałem na czerwonych światłach i wtedy poraził mnie bardzo jasny błysk, takie wewnętrzne światło: „Radio – to będzie centrum, będzie, nie bój się…". I myślę, że to jest ta odpowiedź, to radio – to centrum nowej ewangelizacji. To, co powiedziałem na początku: Pan Bóg wysłuchuje nas zawsze lepiej. Nie tylko naszych modlitw, ale i naszych pragnień zawsze lepiej, niż my się modlimy i chcemy. Na tym polega Boża miłość. Bóg jest nieskończoną miłością, kocha nas bardziej, niż my możemy sobie to wyobrazić.

No tak, ale jak to się zaczęło konkretnie. Skąd zdobył Ojciec pierwszą aparaturę, by móc nadawać. Jak to wyglądało?

Miałem kontakty z różnymi ludźmi. Poszedłem kiedyś do arcybiskupa Augsburga w związku z pielgrzymkami do Medjugorie. Zapytałem go, co mam robić z ludźmi, którzy chcą tam jechać. Chodziło wtedy o grupę młodych ludzi. Ich modlitwa była dla mnie wielkim świadectwem. Pracowałem wówczas w Niemczech i widziałem te pustoszejące kościoły. Widziałem te nadużycia z rozgrzeszaniem i taki jakiś Kościół słabnący, Kościół jakby odchodzący od nauki Chrystusa, jakiś taki zagubiony… I wtedy coś się stało. Najpierw przyjechał z Polski śpiewający zespół i mieli koncert w jednym z kościołów. Przed kościołem podeszło do mnie parę osób i dziękowali za ten koncert, a kiedy odchodzili, poprosili mnie o błogosławieństwo. Bardzo się tym ucieszyłem. „Młodzi ludzie – myślę – Boże, co się dzieje, nie spotykana sprawa, jakiż ogromny kontrast: tamten Kościół, wspólnota niemal od niego odchodząca i ci, którzy uwierzyli Chrystusowi, postawili całkowicie na Chrystusa". To było pierwsze spotkanie, później dowiedziałem się, że ci młodzi ludzie ponawracali się w Medjugorie, że mają grupę modlitewną, że spotykają się co tydzień, że modlą się godzinę, dwie godziny, że poszczą o chlebie i wodzie, że skończyli ze swoim starym życiem, że powrócili do Chrystusa... I to było to. I oni później zapytali mnie, czy może ich przyjść więcej na modlitwę. Mówię: „Proszę bardzo". I co jeszcze charakterystyczne, pamiętam, tamtego dnia czułem się bardzo źle, był we mnie jakiś taki niepokój. „Coś gdzieś się dzieje – myślałem – coś bardzo poważnego". A tu ci ludzie, którzy przyjechali pięknymi, nowymi samochodami. Młode dziewczęta, chłopcy, pięknie ubrani, silni ludzie, górale z Allgäu. I oni wszyscy na kolanach przed Najświętszym Sakramentem. A potem różaniec, trzy części. Wszyscy też byli u spowiedzi. Poprosiłem wtedy jednego księdza, Hindusa, o pomoc i spowiadaliśmy razem. To było niesamowite przeżycie. Długo się modliliśmy, a po Mszy świętej ci młodzi chcieli adorować krzyż. Sami o to prosili. To był jakiś szczególny dar. Spać nie mogłem. Później okazało się, że w tym czasie umierała moja matka. Tak więc przed jej śmiercią taki dar dostałem. Potem sam zacząłem jeździć do Medjugorie. Tam spotkałem pewnego Włocha, tam właśnie nawróconego, który wydawał książki, zwykłe kazania. To były bardzo piękne kazania z Medjugorie. Później mu w tym pomagałem, choć on wygadywał różne rzeczy na Polaków, tak że poczułem się dotknięty. Powiedziałem mu wtedy, że aby o kimś coś powiedzieć, to trzeba najpierw go poznać. Zaprosiłem go też do Polski. Przyjął zaproszenie, ale ja się wtedy przeraziłem, bo nie miałem ani pieniędzy, ani czasu, żeby z nim jechać. Niemniej przyjechaliśmy. On na paszporcie dyplomatycznym, bez kontroli granicznej, a były to jeszcze czasy zamkniętych granic. Zamieszkał w Krakowie u bardzo miłych ludzi, moich przyjaciół. W pierwszym dniu pobytu powiedziałem mu: „Jutro będzie kultura polska". I zobaczył Kraków: Wawel, kościół Mariacki, kościół w Nowej Hucie – Arkę Pana. Przy kolacji, już po zwiedzeniu Krakowa, zapytał, co będzie jutro? „Jutro – odparłem – będzie kultura niemiecka." Może to było trochę złośliwe, bo nie tyle kultura niemiecka, ile antykultura nazistowska. Pojechaliśmy bowiem do Oświęcimia. Tam mój gość przeżył szok. Tam też powiedziałem mu: „Widzi pan, nie można o kimś mówić źle, gdy się go nie zna. Nie można mówić źle o Polsce i o Polakach... Mają tyle ran. Nasza historia to jest jedna wielka rana". Później pojechaliśmy do Wadowic, był zaskoczony, że tyle konfesjonałów i mówi: „Tu jest wszędzie Medjugorie. Tu się wszędzie spowiadają". Mówię mu: „Tak, bo to jest Kościół..." Potem Kalwaria Zebrzydowska, a na drugi dzień Częstochowa. Tam szedł na kolanach wokół Cudownego Obrazu. Byliśmy jeszcze w Warszawie na grobie księdza Jerzego Popiełuszki, bo chciałem mu pokazać Polskę. Było to dla niego niesamowite przeżycie. Na koniec, w sobotę 10 lutego 1990 roku, wróciliśmy do Krakowa, miałem u siostry Faustyny odprawić Mszę świętą u Pana Jezusa Miłosiernego, ale siostry poprosiły mnie, bym odprawił za godzinę, kiedy się zbiorą. Ja zaś bardzo chciałem jechać do rodziny, do Olkusza, bo było to jakieś dwa miesiące po śmierci matki, chciałem porozmawiać z siostrą, z najbliższymi i po prostu tęskniłem za nimi. Za polską mową, za tym wszystkim, co jest takie nasze, najbardziej nasze w rodzinie. W duchu więc mówiłem: „Widzisz, Panie Jezu, odbierasz mi ostatni czas, nawet tę godzinę mi odbierasz, ale nie mogę ci powiedzieć: «nie»". I wtedy obok nas przechodziła siostra Elżbieta, którą pamiętałem jeszcze z mojej pracy w Krakowie wśród studentów. „Widzi pan – powiedziałem – tak bardzo pan o Polakach źle mówi. A to jest też Polka, góralka, dzielna niewiasta. Jak dzielni są Polacy, to po niej widać. Był stan wojenny, pracowała na uniwersytecie, w radiu uniwersyteckim robiła dobre audycje mimo cenzury i stanu wojennego. A teraz jest w klasztorze". A on na to: „Ojcze, to dlaczego nie zrobisz radia?". Zaskoczony odparłem: „Brak mi ludzi, pieniędzy, środków, pozwoleń, nic nie mam". „A gdybym pomógł?". „Spróbowałbym". Wtedy to powiedziałem moje „tak" i zaczęła się ta droga. Przyszły wszystkie siostry, zaczęła się Msza święta i poprosiłem je o modlitwę w tej intencji. Po pewnym czasie pojechałem do włoskiego Radia Maryja. Tam zapewnili mnie, że chcą mi pomóc. Ale tak naprawdę po tej wzburzonej wodzie musiałem chodzić sam. Nie mogłem zgodzić się na współpracę z nimi, gdy dowiedziałem się, że grupa świeckich z Zarządu Radia usunęła don Maria, bardzo zasłużonego kapłana, założyciela tego Radia. Lecz krótko potem Pan Bóg przysłał ludzi i jakieś środki. Nigdy tyle, ile myślałem, że potrzeba w tym momencie, w tym momencie było ich zwykle dużo mniej, ale później bywało ich dużo więcej, niż chciałem na początku. Pamiętam, jak nieśmiało modliłem się pierwszy raz, miałem 80 fenigów, gdy przyjechałem do Polski z Niemiec, wtedy już było miejsce wskazane przez ojca Prowincjała, Leszka Gajdę, na to Radio. Wtedy też ojciec Prowincjał zapytał: „Chcesz mieć wygodnie, czy chcesz mieć spokój?" Wybrałem spokój, choć w klasztorze byłoby wygodnie… Wiedziałem, że to radio to będzie szaleństwo i jestem wdzięczny temu Prowincjałowi i Zgromadzeniu Redemptorystów za zrozumienie i za zaangażowanie się w to dzieło, za takie pójście na całego. W każdym razie, kiedy tu przyjechałem pierwszy raz, miałem te 80 fenigów, choć wszyscy myśleli, że mam dużo pieniędzy, a ja się nie przyznawałem. Pierwsza Msza święta tutaj. Pamiętam, bardzo się bałem. Przyjechałem ze statuą Matki Bożej i odprawiłem tę Mszę świętą na placu tuż przy małym domku, który wraz z placem został ofiarowany Zgromadzeniu przez śp. Państwa Poznańskich, Marię i Bronisława. Dziś jest w tym miejscu pamiątkowy kwadrat z ciemnych płytek. Wtedy wszystko przywiozłem ze sobą. Nawet obrus, szaty liturgiczne, kielich i wspomnianą statuę Matki Bożej Fatimskiej, ofiarowaną przez rodzinę niemiecką. Bardzo ciekawą rodzinę: ojciec zginął jako ofiara nazizmu, mimo że jego brat był esesmanem. To bardzo wierzący ludzie i ich też spotkałem w Medjugorie. Znów to Medjugorie. Ja nie mówię, że tam Matka Boża się objawia. Wiem, że trzeba być posłusznym Kościołowi, a Kościół te znaki bada, ale wiem, że Matka Boża i tam działa. Ona działa wszędzie. Ja doznałem tam wielu łask. Byłem tam wiele razy, szczególnie z młodzieżą niemiecką, z ludźmi dorosłymi z Niemiec. To były piękne grupy modlitewne, ludzie szukający miejsc, gdzie się można modlić, ludzie szukający kapłana. Oni właśnie bardzo mi pomogli. Bez tego byśmy nie ruszyli. To była bardzo znaczna pomoc, ale później przyszedł i ten „wdowi grosz", i tak powstaje to dzieło… Cały czas z niczego. I to jest jak chodzenie po wodzie, ciągłe zawierzanie i ciągłe, mówiąc po ludzku, chwytanie powietrza, choć w ręku nie zostaje nic. Ale widzę, cały czas ktoś tego pilnuje, dlatego to się udaje. Doświadczam wciąż jednego: to jakby Pan Jezus sam koło tego chodził. Trzeba to tylko wziąć…

Przyjechał więc Ojciec z tymi 80 fenigami i powiedział Prowincjałowi, że chce Ojciec założyć radio. Czy tak?

Nie, to było inaczej, to Prowincjał przyjechał do Niemiec i wizytował mnie. I wtedy mu powiedziałem, że mam pomysł na radio, że wierzę, że to się uda. Bardzo chciałem, żeby się zgodził, ale prosiłem go o jedno, że jeżeli nie miałby dać zgody, to niech teraz lepiej nic nie mówi, tylko niech to przemyśli i wówczas da mi odpowiedź. Postarałem się go przyjąć jak najmilej. Nic mi nie odpowiedział. Później Zarząd Prowincji wydał zgodę. Dziękuję Bogu za taki mądry i odważny wtedy Zarząd naszej warszawskiej prowincji. Przyjechałem więc do Torunia zobaczyć to miejsce, które zostało wskazane na siedzibę radia. Byłem wtedy tylko parę dni w Polsce, gdyż musiałem wrócić do Niemiec, by pozamykać tam swoje sprawy. Tak to się zaczynało.

Czy później przyjechał Ojciec z Niemiec już z jakimiś pieniędzmi i z jakąś aparaturą?

Tak, jakąś starą, używaną konsoletę dostałem od Włochów, a pieniądze dostałem od moich bliskich znajomych w Niemczech. To był początek. Dalej było tak: do Polski przyjeżdżałem na kilka dni, patrzyłem, co się robi, co się dzieje z remontem domu, pieniądze na to dawałem, takie, które gdzieś tam dostałem, właściwie od tych ludzi, którzy wiedzieli, że coś takiego jak radio się tworzy. Tych ludzi łączyła ze mną przygoda wiary i wspólnej modlitwy. Ci ludzie już niejednokrotnie pomagali mi wcześniej. To trwało parę miesięcy, a w listopadzie zaczęło się montowanie aparatury.

Skąd się wzięli ci świeccy, pracujący tu przy remoncie domu?

Na początku byli to moi przyjaciele z pierwszych lat mego kapłaństwa w Toruniu. Potem po prostu szukaliśmy. Prowincjał zgodził się też na to, żeby od samego początku pomagało mi dwóch redemptorystów, których jednak sam musiałem przekonać do tej pracy. Było więc nas trzech. Razem szukaliśmy ludzi do pracy. To byli ludzie wiary, ludzie z oazy rodzin. Od nich otrzymałem największą pomoc.

Kiedy jednak formalnie Prowincjał zgodził się na to radio?

Pierwsza rozmowa z Prowincjałem odbyła się w marcu 1990 roku. Wcześniej – 10 lutego – była ta Msza święta u siostry Faustyny. A w marcu spotkanie z Prowincjałem w Allgäu w Alpach. Później przyjechałem do Warszawy do ministerstwa. To było 23 lub 28 marca, by złożyć pismo o pozwolenie na radio nadające na całą Polskę. Zdziwienie w ministerstwie było wielkie. I wtedy zaczęły się pierwsze trudności. Nie rozumiałem tego. Myślałem, że w Polsce jest już dobrze, że już komunizmu nie ma. Wtedy dopiero zacząłem dostrzegać, co się dzieje. Niby komunizm odszedł, ale ludzie pozostali ci sami, na nowo się przecież nie narodzili.

Ojciec przyjeżdża więc do Polski od czasu do czasu. W tym czasie remontowany jest dom. Nie dość, że mały, to jeszcze w kompletnej ruinie.

To prawda, był bardzo zaniedbany. Wymagał dużo pracy, żeby go jakoś przystosować do radia.

Jaka była ta pierwsza siedziba?

To były dwa pokoje i kuchenka z małą spiżarką. Była też piwnica na węgiel, gdzie później zrobiliśmy kaplicę. To wszystko.

Prześledźmy zatem te pierwsze kroki radia.

Dostaliśmy pozwolenie Prowincjała. Ludzie remontowali przyszłą siedzibę radia. Coraz bardziej też włączali się w tę pracę ojcowie: Eugeniusz Karpiel i Jan Mikrut. Oczywiście cały czas byli i świeccy. Jakoś to tak rosło. I ruszyliśmy 8 grudnia 1991 roku, lecz już w listopadzie robiliśmy pierwsze próby z radiem. Ale 7 grudnia wieczorem do siedziby Radia wnieśliśmy w procesji figurę Matki Najświętszej z Fatimy, którą przywiozłem z Niemiec.

Na czym te próby polegały? Czy towarzyszyła temu jakaś dyskusja, jak to radio ma wyglądać?

To były techniczne próby, czy to „coś" nadaje. Program ustalałem z ojcami. Postanowiliśmy, że najpierw nadajemy parę godzin rano i kilka po południu. Na więcej nie mieliśmy sił.

Zatem na początku w radiu było trzech redemptorystów. Ilu było wtedy świeckich ludzi i co oni robili?

Bardzo mało, dwie czy trzy osoby. Z czasem dochodzili nowi. To byli ludzie wiary.

Na początku były te dwa pokoiki, w jednym było studio...

Jeden pokój podzieliliśmy na pół prowizoryczną ścianką drewnianą – to było studio i reżyserka. Drugi pokój to recepcja i biuro. Z kuchenki zrobiliśmy pokój, gdzie spał ten, kto wszystkiego pilnował. W spiżarce zaś było małe studio nagrań. Na dole zrobiliśmy kaplicę i kuchenkę.

Na początek więc parę godzin nadawania dziennie i tylko Toruń i Bydgoszcz. A wszystko to w zasadzie bez żadnych pieniędzy.

Jakieś pieniądze jednak były. Miałem je z Niemiec, dostałem też coś od znajomych ze Szwajcarii. Ludzie sami przychodzili mi z pomocą, ci spoza Polski, bo rozumieli sens tej ewangelizacji. Oni rozumieli, co to jest nowa ewangelizacja. Wprost mówili: czekamy na pomoc z Polski, żebyście umocnili u nas wiarę. Zaraz po uruchomieniu Radia przyszli też z pomocą ludzie mieszkający w zasięgu naszych stacji: z Torunia i Bydgoszczy. Byli i są to do dziś ludzie często biedni, lecz bogaci mądrością i sercem.

Co było dalej?

Dużo by o tym mówić. Powstanie tego radia to bardzo wielka przygoda i jeszcze więcej problemów. Każda minuta przynosiła ich wiele. Pamiętam, miałem taki kłopot z sąsiadami, którzy wokoło zbierali podpisy i w końcu oddali sprawę do Naczelnego Sądu Administracyjnego. Mówili, że to radio będzie bardzo promieniowało i to będzie im przeszkadzało. Ktoś straszył tych ludzi, że to jest śmiertelne zagrożenie dla ich zdrowia. Czy to była niechęć, czy niezrozumienie, nie wiem. W każdym razie później jakoś to wszystko ucichło. Starano się zamknąć tę sprawę. Włączył się wtedy w to minister Adam Glapiński, który bardzo pomógł. Otworzył mi oczy na wiele problemów. Wtedy po paru latach pobytu w Niemczech nie wiedziałem, co się w Polsce dzieje. I to ludzie otwierali mi oczy na ten liberalizm, na te ateistyczne niechęci. Wtedy też stałem przed trudnością, jak połączyć studio nadawcze w Toruniu z nadajnikiem w Bydgoszczy. Pomiędzy studiem bowiem a nadajnikami powinny być albo łącza telefoniczne, albo radiolinia, albo łącza satelitarne. Myśmy nie mieli nic. A trzeba było to połączyć, co niestety nie jest tanie. Zdecydowaliśmy się na radiolinię. Aparaturę dostaliśmy z Włoch, ktoś nam dał używaną. Po wielu trudach zamontowaliśmy tę radiolinię. Kiedyś jednak w ministerstwie pewien człowiek, dyrektor departamentu, pyta mnie: „A jak ksiądz łączy Toruń z Bydgoszczą?" Wiem, że nie mogę kłamać i niczego nie mogę mu też powiedzieć, więc milczę. On znów mówi: „Wiem, radiolinię ksiądz zrobił, a nie ma ksiądz pozwolenia". Spytałem więc: „Panie dyrektorze, pan jest ochrzczony, a kiedy pan był ostatni raz u spowiedzi?" A on: „Co za pytanie?" „Bo pan mnie pyta o takie rzeczy – odpowiadam – o jakie można inżyniera pytać, a ja mogę tylko wyspowiadać…" I na jakiś czas to ucichło, choć wtedy usiłowaliśmy znaleźć jakieś drogi wyjścia. Były więc te dwie stacje nadawcze: w Toruniu i Bydgoszczy, ale już zastanawialiśmy się, co robić, żeby iść dalej. Rozwiązanie było jedno: trzeba iść na całą Polskę. Okazało się, że tylko biskupi mogą dostać pozwolenie na radio. Takie było porozumienie między Ministerstwem Łączności a Episkopatem. Poprosiliśmy więc biskupów, by oddawali nam swoje częstotliwości, żebyśmy mogli nadawać. I wielu z nich się zgodziło – chyba 16 diecezji, to była większość. I wystąpiliśmy do ministerstwa, ale ono jak niegdyś działało opieszale i wyszukiwało coraz to nowe trudności. To było takie ciągłe przepychanie się. To było mniej więcej tak, jak byśmy chcieli z jakiegoś dołu wyjść, a ministerstwo nas ciągle zasypywało… Później swoje dołożyła Krajowa Rada Radiofonii i Telewizji (KRRiTV). Nie była skora, by przyznać nam zagwarantowane częstotliwości. To był rok 1993.

Czy oni wtedy wszyscy wiedzieli, co to jest Radio Maryja?
Tak, już wiedzieli i bardzo różnie o nas mówili. Zastępca przewodniczącego KRRiTV miał powiedzieć, że Radio Maryja jest dla ludzi upośledzonych, ludzi cho-

rych, starych. Takie różne teksty były, cały czas to było nagłaśniane przez różne media, przez telewizję publiczną, przez radia publiczne, gazety. A myśmy walczyli cały czas o tę koncesję i odwoływaliśmy się do ludzi. Ludzie, naród polski, zrozumieli trudności i potrzebę radia po latach zniewolenia i zamykania ust i nas poparli. Zresztą, nigdy wspaniali ludzie nas nie opuścili. Po Bogu to naród jest naszą siłą. To były miliony listów, podpisów. I myślę, że ten nacisk pomógł, że dostaliśmy wreszcie koncesję na nadawanie. Rada wówczas głosowała jednogłośnie. Jej przewodniczącym był wtedy prof. Ryszard Bender. Ale długo przedtem były opory, usiłowanie, żeby nam nie dać, żeby nas zmylić, zapędzić w ślepą uliczkę. To, że dostaliśmy wtedy tę koncesję, to zwycięstwo Matki Najświętszej. Ona posłużyła się ludźmi, tymi zwykłymi ludźmi. Zresztą Jej działanie cały czas widzę w Radiu. Te wszystkie wielkie rzeczy osiągane są przy użyciu bardzo małych środków i siłami słabych ludzi. Tu jednak wychodzi wielkość Pana Boga. On odnajduje wielkich ludzi, nie nagłaśnianych przez siły tego świata.

> Jedna rzecz zdumiewa. Tego fenomenu nie da się inaczej wytłumaczyć jak tylko tym, że za wszystkim stoi Pan Bóg. Jak to się stało, że to radyjko trzyosobowe zamieniło się w pewną potęgę? Że miliony ludzi za nim stanęły, że na miliony ono oddziaływało i że miliony w jakimś sensie słuchały się tego Radia. Czy wtedy nie podejmowano prób, aby je zniszczyć? Przecież to Radio stało się poważną siłą… Ono przeszkadzało. Mówiło innym, wolnym głosem.

Tak. Uważano, że to jest Radio dewocyjne dla ludzi starych, chorych, upośledzonych i może dlatego dostaliśmy tę koncesję. Poza tym stanęliśmy od samego początku po stronie ludzi ubogich, mówiliśmy prawdę i postanowiliśmy za Soborem Watykańskim II, że to Radio ma być środkiem społecznego komunikowania, a nie masowego przekazu (masowej manipulacji), dlatego postawiliśmy na rozmowy, dialog. Powiedzieliśmy: w tym Radiu niech mówią ludzie. Pozwoliliśmy po prostu ludziom mówić, otworzyć usta. Ująłbym to tak: w kraju milczenia pojawiła się możliwość mówienia. I to jest to. Dlatego cały czas towarzyszyło nam i towarzyszy zagrożenie ze strony tych, którym to Radio jest nie na rękę. To oni nieraz posługiwali się mediami i posuwali się do różnych manipulacji wymierzonych w Radio Maryja. Robią to ci, którzy boją się dialogu, społecznego komunikowania, a jeszcze bardziej modlitwy, którzy boją się ludzi kochających Boga.

Rozdział IX

To może spowodować lawinę

Radio Maryja przechodzi od ewangelizacji do budowania Królestwa Chrystusowego na ziemi, aktywizuje ludzi, uruchamia drzemiące w nich talenty. Któryś z papieży powiedział, że prawdziwą ewangelizację można prowadzić tylko przez środki ubogie. Radio Maryja nie jest środkiem ubogim, bo środki ubogie zakładają kontakt człowieka z człowiekiem, ale to Radio działa w ten sposób, że uruchamia ludzi, którzy uruchamiają innych ludzi. W związku z tym pojawiają się różne owoce aktywności Radia.

Co się dzieje, jeżeli rzuci się kamyk z góry. On może spowodować lawinę. Każdy jest przecież wezwany do bardzo wielkich rzeczy, tylko od razu nie trzeba myśleć o tych wielkich rzeczach. Nie od razu Kraków zbudowano. Najpierw trzeba znaleźć teren, wyrównać go i zbierać materiały. Z czasem zaś powstaną wielkie rzeczy. Trzeba jednak zacząć od rzeczy małych. Będziesz wierny w rzeczach drobnych, nad wielkimi cię postawią (por. Łk 16, 9-12).

W tej chwili myślę o „Naszym Dzienniku". Właściwie zaczęło się od takiej prostej sprawy. Mówię w Radio Maryja, że są potrzebni ludzie, którzy chcieliby posługiwać w Radiu Maryja i którzy chcieliby stać się lepszymi. Również od strony fachowości, warsztatu dziennikarskiego. Pomyślałem więc o studium dziennikarskim. Miałem jednak świadomość, że zatrudnionym w nim wykładowcom trzeba zapłacić za przejazd, za wykład. Ci ludzie – myślałem – też mają dzieci, też potrzebują na chleb, a nierzadko zarabiają słabo, często mniej niż młody chłopak po zawodówce. Więc to jest niesprawiedliwe. Miałem nadzieję, nie będę tego ukrywał, że może raz czy drugi przyjedzie ktoś, kto złoży dar na to studium i zrezygnuje z honorarium. Ale nie liczyłem na to, że wszyscy tak będą robić. Były jednak i takie przypadki. Otóż, wracając do „Naszego Dziennika", podczas tych wykładów podpadło mi tak pozytywnie parę osób. Powiedziałem do dwóch z nich: „Zróbcie dziennik", a oni tylko popatrzyli po sobie. Niedługo potem coś się zaczęło. I tak powstał „Nasz Dziennik".

Inne dzieło – Instytut Edukacji Narodowej. Jak było z nim? Przyjechaliśmy z księdzem biskupem Edwardem Frankowskim ze Stanów Zjednoczonych i ksiądz biskup opowiadał o naszym pobycie za granicą na antenie. Byłem wówczas z księdzem biskupem w studio. I ksiądz biskup mówi, że wykłady podnoszące świadomość obywatelską i narodową przydałyby się i w Polsce, że to aktywizowałoby różne środowiska. Niedługo potem w Radiu pojawił się pan Arkadiusz Robaczewski, który jadąc samochodem, słuchał tego i postanowił, że zacznie to robić… I taki był początek Instytutu… Człowiek musi poczuć, odkryć w sobie dar, który ma, dar, który ma dla wspólnoty – charyzmat. Gdyby wszyscy ludzie odkryli owe dary, które posiadają, bo Pan Bóg daje różne dary, i gdyby ci ludzie powiedzieli: tak! To by była lawina. Bo tak naprawdę laikat w Kościele to jest olbrzym, który ciągle jeszcze śpi.

138

To jest wciąż uśpiony olbrzym. Gdyby się obudził i ludzie zaczęliby żyć zgodnie ze swoim powołaniem, zaczęliby kochać, to przemieniliby świat. My w Kościele przez naszą ospałość, opieszałość, obojętność jesteśmy winni temu, że cały świat jeszcze nie usłyszał o Chrystusie, a w Polsce jesteśmy winni temu, że coraz więcej jest wrogości do Chrystusa, że szatan zwycięża raz po raz. Dlatego cieszą te różne inicjatywy. Podejmują je zwykli ludzie, dobrzy ludzie, bo żyjący Panem Bogiem. Boję się jednak tego, by oni nie byli zapatrzeni tylko w siebie. Najtrudniej to z takimi ludźmi, którzy jak katarynka powtarzają: „tylko ja", „ja i ja" czy: „adoruj mnie". To męczące. Ale ludzie, którzy chcą coś dać z siebie, prawdziwie dać, to jest sama radość. Myślę, że to prawda, co czytamy w Dziejach Apostolskich: ,,Więcej jest szczęścia w dawaniu aniżeli w braniu" (Dz 20, 35). Nie tylko ma to szczęście ten, który daje, lecz i ten, który patrzy na tego dającego. Tak przepełnia mnie radość, gdy patrzę na tego dającego i on daje coś z siebie. To zachęca innych do podobnego działania. On daje, więc dlaczego nie ja? I jest coś takiego w Rodzinie Radia Maryja, która daje, daje i daje…

Kolejny owoc Radia Maryja – Dom Słowa, miejsce, gdzie ludzie się spotykają i zdobywają wiedzę, miejsce, gdzie ludzie wymieniają poglądy. Warto dodać, że na bazie Domu Słowa powstała uczelnia wyższa.

Z Domem Słowa to też jakoś wyszło samo. Pamiętam, ówczesny ojciec Prowincjał tak mówił: ,,Może ojciec by wziął ten dom, oddali nam szkołę, którą komuniści zabrali i zniszczyli". „A na co to?" – pytam. „No, na radio" – usłyszałem w odpowiedzi. „Rozgłośnię już mamy w jednym miejscu – myślałem. – Co prawda jest to miejsce za małe. Ale przenosić… To nie bardzo, to już jest ogromna praca. Trzeba by wszystko zrobić od nowa… Studia radiowe, redakcje, archiwa… Na terenie studiów – myślałem sobie dalej – jest w tej chwili co najmniej sto kilometrów kabla… To jest wprost nie do przeniesienia. Ale jeśli nie Radio – pytałem sam siebie – to na co mi to?" Pamiętam, tej nocy nie mogłem spać. „Budować nie potrafię – myślałem – pieniędzy nie mam, zajęć i tak dużo… I co najważniejsze: ludzi też nie… A jeżeli chcesz – zwróciłem się do Pana Boga – to pomóż… Ty, Matko Najświętsza, także mnie nie opuszczaj…" Na drugi dzień Prowincjałowi powiedziałem: „Biorę". Zaczęliśmy od drobnych rzeczy, od sprzątania po tym zniszczeniu. Zniszczenie było ogromne. Tak potrafi niszczyć tylko komunizm. Zresztą ci niedawni ideolodzy dzisiaj dalej niszczą, także dusze… Wciąż, jak niegdyś, pięknie mówią. Ale za tym „pięknomówieniem" kryje się krętactwo, kłamstwo, jedno wielkie zniszczenie. I to wszystko w tym domu widziałem. To było coś potwornego. Ten dom udało się jednak odbudować.

Gdy to się stało, pytałem się: Co my z nim zrobimy? Pierwsza myśl: „Dni skupienia tam będziemy robić. Potrzeba przecież dziś świadków. Świadkowie zaś muszą się spotykać, modlić. Potem ci ludzie będą szli w swoje środowiska. To będzie ten nowy zaczyn… Zaczyn nowego…" Mogę dziś powiedzieć, że to nas kosztowało ogromne pieniądze. Ale Pan Bóg ma więcej, daje więc więcej. Wszystko do Niego należy i On ma takich ludzi, których serce może poruszyć, a ci powiedzą: „Chcę wspomóc to dzieło!". Mogę to otwarcie powiedzieć, że ci ludzie włożyli dobroć swojego serca w dobre dzieło.

Gdy odbudowano Dom Słowa, narzekałem, że za duży. A teraz, gdy powstała Wyższa Szkoła Kultury Społecznej i Medialnej, co jest konieczne również dla Polski i dla Kościoła, to już się okazało, że mamy za mało miejsca. A dodatkowo mamy bardzo duże trudności, żeby nawet zwykły teren kupić. Gdybyśmy byli poprawni politycznie, pewno nie tylko by nam pozwolili kupić teren, ale by dali wiele. Widzę, jak się te sprawy dokonują, jak korzystają z tego niektóre instytucje, które, nie wiedzieć czemu, mają w nazwie przymiotnik: katolicki. Nie będę mówił teraz o nich. Poza tym, że są bardziej europejskie niż katolickie. Ma to związek z tym, że na naszych oczach rodzi się idea nowego Związku Radzieckiego, tyle, że chyba jeszcze gorszego, bo sprytniejszego. Nie ma obozów koncentracyjnych, ale jest już doskonały system kontroli i zniewalania człowieka. Ludzie nawet sobie z tego nie zdają sprawy, jak to się szybko dokonuje. Toteż ci ludzie i instytucje, które zechcą wspierać tę ideę nowej „jednostki", dostają nie tylko pozwolenia, ale i duże pieniądze. Są hołubieni. To są maskotki liberalizmu. Takie są media, jak widzimy.

Wróćmy do Domu Słowa. Wiele rzeczy można jeszcze zrobić, ale najważniejszy jest człowiek. W tym Domu winno się dokonywać doskonalenie człowieka, doskonalenie pod każdym względem. Począwszy od wnętrza, od jego charakteru. Począwszy od życia wewnętrznego, od kontaktu z Panem Bogiem, tak, żeby był on z Nim na co dzień. Bo można być w Kościele, a być daleko od Boga. Celem moim jest takie doskonalenie człowieka, by jego serce było przy Sercu Boga. Nawet gdy to będzie bardzo aktywny człowiek, to tym bardziej winien być w zjednoczeniu z Panem Bogiem… Zatem początek to formacja duchowa, etap dalszy to formacja intelektualna, tak by człowiek rozumiał rzeczywistość. Ale przede wszystkim ten człowiek nie może być nastawiony na siebie, na swoje *ego*. On musi służyć, aby w końcu odkryć, że bardzo dużo szczęścia jest w dawaniu, więcej niż w braniu…

Wśród owoców Radia Maryja warto chyba wspomnieć te wszystkie pielgrzymki. Te na Jasną Górę i te do Rzymu. Tu są też te wszystkie manifestacje w obronie życia, w obronie polskiej własności, manifestacje w obronie Ojca czy Radia Maryja. Spotykało się wtedy tysiące ludzi mających poczucie wspólnoty, co działało jak zaczyn jakiegoś wyjątkowego dobra na całą Polskę. Jak by to Ojciec skomentował?

Jestem niezwykle wdzięczny Panu Bogu za obronę nie tylko mojej osoby, ale jeszcze bardziej tego dzieła. Gdyby nie tamta obrona, Radia by nie było, a myślę o tej obronie w związku z prokuraturą. Kazali mi iść do prokuratury. Byłem zaskoczony. Do dzisiaj jestem zaskoczony niektórymi sprawami, które się wokół tego działy, najbardziej jednak reakcją ludzi – to była miłość i solidarność. Ojciec Święty powiedział: „Nie ma solidarności bez miłości". Powiedział też w Sopocie: „Wołaliście tutaj: nie ma wolności bez solidarności. Dzisiaj muszę dodać – mówię z pamięci, niedosłownie, więc cytuję tę myśl – nie ma solidarności bez miłości". Myślę, że to była miłość i to zrodziło solidarność. Zawsze, gdzie jest miłość, jest solidarność z drugim człowiekiem, tym człowiekiem, którego miłuję. Wiem jedno, że bez tego by nie było Radia…

Pamiętam, jak wówczas, gdy ważyły się losy Radia i moje, ktoś bardzo ważny powiedział mi: „Trzeba coś zrobić, żeby nie było tych tysięcy listów. Trzeba zatrzymać te listy do pani minister Suchockiej. Ludzie zbyt wiele piszą. Dajmy z tym spokój". Ja wtedy odpowiedziałem: „Nie, ekscelencjo. Ja nie prosiłem ludzi o to. Jestem tym zaskoczony, ale jestem bardzo im wdzięczny. Jestem bardzo wdzięczny Panu Bogu za tych ludzi, bo oni ratują, bronią Radia Maryja. I tak, jak ja ich nie prosiłem, żeby to robili, tak nie będę mówił, żeby teraz tego nie robili, ale… dziękuję im za to, że to robią." To jest miłość. Jeżeli przyjmiemy wiarę w pełni, to wiara zrodzi nadzieję i miłość. Bo to jest ten ogień, który jest w człowieku.

Wspomniał pan o pielgrzymkach. Pielgrzymka na Jasną Górę zrodziła się wtedy, gdy byliśmy w potrzebie, gdy istnienie Radia było zagrożone. Radio przetrwało, więc na drugi rok, gdy zbliżał się lipiec, druga niedziela lipca, słuchaczom Radia Maryja powiedziałem: „Rok temu prosiliśmy – Matka Boża nas wysłuchała, a teraz co? Powinniśmy powiedzieć: «Dziękuję!»". Pojechaliśmy zatem podziękować. A na trzeci rok pojechaliśmy słuchać. „Ty nam sama wskazałaś

– modliłem się podczas którejś z tych pielgrzymek – że mamy do Ciebie przychodzić. Przychodzimy i słuchamy Ciebie, słuchamy tego, co Ty chcesz powiedzieć." Tak zrodziła się ta nasza Rodzina Radia Maryja, „Rodzina Matki Boskiej", jak powiedział kiedyś o nas Ojciec Święty. A później były pielgrzymki do Rzymu. Nie zapomnę tego. Pamiętam, wiedziałem, że różne opinie krążą o nas. Są bowiem tacy, którym zależy, żeby zepsuć nam opinię. I przyszło mi do głowy, że może Ojcu Świętemu wręczylibyśmy odbiornik satelitarny. Może ktoś będzie chciał tam, u niego, nas posłuchać. Może siostry w kuchni posłuchają. Żeby obok tych złych, nieprawdziwych opinii docierało nasze Radio. Niech każdy sobie sam urabia opinię o danej sprawie, a nie z opinii innych wyrabia opinię własną. Wiedzy szuka się u źródła, a nie z plotek. To jest właściwa metoda. Stąd pomysł tego odbiornika. Rozmawiając o audiencji z księdzem prałatem Dziwiszem, usłyszałem: „Proszę, zapraszam". Zorientowałem się, że dzień, kiedy mamy przyjechać, to jest 3 listopada 1993 roku, to wigilia imienin Ojca Świętego. Odpowiedziałem więc: „Księże prałacie, może nie, bo to są imieniny Ojca Świętego. Będzie wtedy pełno gości". Ale usłyszałem: „Przyjeżdżajcie". I pierwszy raz wtedy pojechaliśmy. Pamiętam doskonale ten dzień i te chwile. Stanąłem w bibliotece prywatnej. Był ojciec Prowincjał. Byli nasi najbliżsi współpracownicy, ojcowie. Mieliśmy ten odbiornik satelitarny, cyfrowy, żeby z satelity program bezpośrednio odbierać, słuchać Radia Maryja… Wówczas, a było to już po Mszy świętej, pomyślałem: „My tu musimy przyjść ze słuchaczami Radia Maryja i powiedzieć Ojcu Świętemu, że Polacy są porządni i że nie wszyscy się tak zachowują". Akurat był to czas, kiedy wybrano z powrotem komunistów, tych, którzy tyle zła zrobili Polsce. „Ale my przyjedziemy – postanawiałem w duchu – i powiemy swoją obecnością, że jesteśmy z Chrystusem, jesteśmy z Jego nauką, jesteśmy z Tobą, Ojcze Święty…" To był listopad. Wtedy też powiedziałem księdzu prałatowi Dziwiszowi, że chcielibyśmy tu, do Ojca Świętego, z ludźmi przyjechać. Ksiądz Prałat odpowiedział: „Pewnie to będzie za dziesięć lat". „Nie, teraz" – odpowiedziałem. I udało się. Już w marcu byliśmy u Ojca Świętego. I tak zaczęły się pielgrzymki do naszego Papieża.

Spotkanie z Ojcem Świętym to coś wyjątkowego. Choćby ten bliski kontakt. Podczas pielgrzymki Ojciec Święty powie coś do ucha i Ojcu Świętemu coś się powie, czy gdzieś w drodze, czy gdzieś w sali z jakąś małą grupą, czy gdzieś samemu. Tych spotkań było dużo. Kiedyś sobie liczyłem, ile razy byłem u Ojca Świętego podczas Jego pontyfikatu. Jeżeli mnie pamięć nie myli, to byłem chyba z pięćdziesiąt razy. I każde spotkanie jest inne. Chociażby to było tylko podejście do Ojca Świętego i powiedzenie jednego czy dwóch słów… Szczęście, gdy zapyta o coś albo gdy choć chwilę porozmawia… To są bardzo osobiste spotkania, które dodają siły. Powiedziałbym tyle, że gdyby nie Ojciec Święty, to pewnie bym nie wytrzymał z Radiem, bez jego pociechy i wsparcia to Radio pewnie dziś by nie istniało… Co mi Ojciec Święty mówił, jak wspierał – to już zachowuję dla siebie, o tym mówić nie mogę…

Nie zapomnę jednego takiego spotkania. Było bardzo trudno. Myślałem, że nie wytrzymam. Coś mnie jednak tchnęło: masz lecieć do Rzymu i zawieźć pewien dokument. To był piątek. Poleciałem samolotem. W garniturze, na krótko, tylko w koloratce i w jakimś skafandrze. Zostawiłem dokument tam, gdzie było potrzeba. Jestem w Domu Generalnym. W sobotę rano, poszedłem sobie do kościoła przed cudowny obraz Matki Bożej Nieustającej Pomocy na via Merulana. Byłem w tym kościele sam. Pewnie dlatego modliłem się głośno: „Matko Najświętsza – słowa przychodziły mi z trudem – mów, bo nie wytrzymam. Zobacz, jestem zupełnie sam z pewnymi decyzjami. Nikt za mnie tych decyzji nie podejmie. Są współpracownicy, są bardzo oddani. Są ludzie bardzo życzliwi, są bardzo życzliwi biskupi, księża, świeccy, ale ja jestem sam, zupełnie sam". Klęczałem tak przed tym obrazem, nie wiem nawet, jak długo to trwało, i tak myślałem: „Matko Najświętsza, jesteś Ty w ikonie Nieustającej Pomocy, jesteś też Częstochowska. Ty jesteś cudowna tutaj, powiedz mi więc, co mam zrobić. Ty sama zrób coś. Widzisz moją bezradność, widzisz to, co się dzieje. Czy mam to wszystko zostawić? Jak mam postąpić w tej chwili? Widzisz, jak tragiczna jest sytuacja…" I pomyślałem wtedy: „Gdybym tak się dostał do księdza prałata Dziwisza i z nim porozmawiał. Ale nie. To za wysoko – mówiłem do Matki. – Już Cię nawet o to nie proszę". Po południu tego samego dnia telefon. Ktoś mnie woła w Domu Generalnym do tego telefonu. Kiedy dowiedziałem się, kto dzwoni, pomyślałem: „Co to będzie?" Potem jednak usłyszałem pytanie: „Jakie ojciec ma plany?" Odpowiedziałem: „Ju-

tro odlatuję do Polski, niedziela, więc tańszy bilet, a poza tym już o godzinie 15.00 mam Mszę świętą we
wspólnocie Radia". „Proszę zmienić plany – mówi nie-
wzruszony tym, co powiedziałem, ksiądz Dziwisz. – Jest
ojciec zaproszony na kolację do Ojca Świętego". Pierwszy raz w życiu na kolację do samego Papieża. Nie miałem habitu, więc pożyczyłem go od współbrata Polaka,
który studiował w Rzymie. Nigdy nie zapomnę tego wydarzenia. Stawiłem się zatem o wyznaczonej porze
w Sali Klementyńskiej. To miało być w tajemnicy. Nieraz były takie spotkania, o których mieliśmy nic nikomu nie mówić. Powiedziano mi zresztą, bym tego nie
rozgłaszał, gdyż bywa, że takie bardzo prywatne au-
diencje wnikliwie komentują media. Wtedy w Sali Klementyńskiej Ojciec Święty przechodził od grupy do grupy, a ja byłem sam. W pewnym momencie odchodzi od
grupy polskich księży i głośno mówi, pokazując palcem:
„To jest ten Ojciec Rydzyk. No, to dzisiaj pociągniemy
go za język, ale nie teraz, tylko w czasie kolacji". Wszyscy zdziwieni popatrzyli po sobie. Ja zaś cierpliwie cze-
kałem, aż kazano mi iść za Ojcem Świętym. Szedłem
mając świadomość, że idę przy samym Papieżu. O niczym innym nie myślałem. W końcu dotarliśmy na
miejsce. Zamykają się drzwi i obok Ojca Świętego tylko dwie osoby i ja. To było niesamowite. Przepiękne pół-
torej godziny bycia z Ojcem Świętym. I to nie był ostatni raz. Jeszcze były inne takie spotkania. To było jednak
chyba najcudowniejsze. Czułem się tak, jak z kimś, przy
kim można być absolutnie wolnym. Ojciec Święty jest
bowiem kimś pełnym pokoju, miłości. On nie zrobi
krzywdy. On potrafi tylko kochać i błogosławić…

Ostatnie spotkanie z Ojcem Świętym miało miejsce przed dziesiątą rocznicą Radia. Mieliśmy być w Paryżu, ale jeszcze pojechaliśmy do Rzymu. Mieliśmy tylko jeden dzień – środę. Telefon do ojca Konrada Hejmo i udało się. Byliśmy tym razem w trójkę: ojciec Waldemar Gawłowski, ojciec Jan Król i ja. Ojciec Święty, gdy nas zobaczył, spytał: „No co, co chcecie". A ojciec Król wyraźnie speszony: „To jest ojciec Rydzyk", na co Ojciec Święty: „Któż by go nie znał? Co chcecie?". Mówię więc: „Ojcze Święty, błogosławieństwa". A Ojciec Święty pyta: „Jak idzie?". Odpowiadam: „Dobrze". Ojciec Święty dalej pyta: „No jak, jak Radio Maryja?". Mówię: „Dobrze, Ojcze Święty, bardzo dobrze. To jest miód w stosunku do tego, co Ojciec Święty ma, tych kłopotów. Chcemy być pomocą, chcemy pomóc".

Również spotkania Rodziny Radia Maryja były niesamowite. Kiedy sobie pomyślę, do której rozgłośni sam Następca Chrystusa przemawiał pięć razy, to serce mi rośnie. Tylko do Rodziny Radia Maryja… Jego słowa do nas to nasz program. Musimy wracać do tego programu. Jeszcze raz powtarzam, to jest program dla Radia Maryja. To jest niesamowite umocnienie, a my mamy służyć Ojcu Świętemu. Mamy pomagać Kościołowi. Dlatego te pielgrzymki.

Jest jeszcze inne pielgrzymowanie, pielgrzymowanie po Polsce, w każdy poniedziałek. Nie możemy sprawić, aby wszyscy ludzie przyszli do naszego Radia, ale my możemy pójść do nich. Staram się często być na tych transmisjach, aby iść i popatrzeć przynajmniej ludziom w oczy i powiedzieć im: „Dziękuję za waszą miłość, za waszą współpracę, za wasze zrozumienie". I powiedzieć jeszcze: „Do przodu, nie poddawajcie się! Alleluja i do przodu! Pan Bóg jest naszym celem, nie oglądajcie się więc wstecz ani na boki, nie dajcie się niczym zniechęcić. Kto się ogląda wstecz, nie jest mnie godzien – powiedział Pan Jezus. Stary Testament przestrzega nas, na przykładzie żony Lota, że nie można się oglądać wstecz, bo wpadniemy w pesymizm, zniechęcenie i nic nie zrobimy. To jest pokusa. Trzeba uciekać od niej do przodu. „Alleluja i do przodu!" Tak, podczas tych poniedziałkowych spotkań stajemy razem przy ołtarzu, chociażby na chwilę, aby powiedzieć „dziękuję" i wracać. Iść do przodu i nie oglądać się wstecz ani na boki…

A pielgrzymki na Jasną Górę dorosłych, młodzieży i dzieci?

Przede wszystkim Jasna Góra. Lubię nabożeństwo do Matki Najświętszej. Kiedyś tego nauczyłem się w domu rodzinnym. Słyszałem Księdza Prymasa Wyszyńskiego, słyszałem o nim, słyszałem wiele o Kardynale Hlondzie. Kiedy byłem dzieckiem i chorowałem, pielęgniarz przyniósł mi „Przewodnik Katolicki". Miałem wtedy czas w chorobie, mogłem pooglądać, czytać. Ale najwięcej dała mi moja rodzona mama. Widziałem, jak klęczała i odmawiała różaniec. Widziałem też, jak klęczała w kościele. Nigdy nie siadała do ławki. Mówiła: „Dzieci kochane, przed Bogiem trzeba na kolanach". Cały czas klęczała, wstawała tylko na Ewangelię. I zawsze w jakimś kąciku. „Ja jestem niegodna" – tłumaczyła nam potem. I po chwili dodawała: „Pamiętajcie, przed Panem Bogiem trzeba na kolanach. On jest taki dobry".

Przyglądałem się wiele razy nabożeństwu mojej matki do Matki Najświętszej. Obraz Matki Bożej Częstochowskiej był w kościele w bocznym ołtarzu. Ksiądz proboszcz kupił taki duży. Niesamowite wrażenie to robiło na mnie i tak jakoś to we mnie rosło, podobnie jak te słowa, które usłyszałem właśnie od mamy, kiedy byłem w szkole podstawowej: „Pamiętaj dziecko, z Maryją zwyciężysz. Ona zwycięży w tobie i przez ciebie, z Nią wszystko osiągniesz. Pamiętaj, módl się do Niej". I tak zacząłem.

Zacząłem próbować, czy to prawda. I kiedy były trudne momenty, kiedy było bardzo trudno, to wprost mówiłem: „To mi powiedziała moja mama, nie widzę, żebyś mnie wysłuchiwała. Ona już by mi dawno pomogła, a Ty milczysz. Widzę Ciebie w figurze, ale gdzie Ty naprawdę jesteś?" Tak się modlił mały chłopak. Pamiętam, tak mi się wtedy polały łzy. Było to jednej ciężkiej nocy. To był ważny moment mego wzrostu religijnego. Potem było takie spotkanie, bardzo osobiste w Toruniu. Miała być koronacja obrazu Matki Bożej Nieustającej Pomocy. Miałem szczęście przyjechać na tę uroczystość z chórem seminaryjnym. Obraz zaś miał koronować Kardynał Wyszyński. Wizerunek Matki Bożej Nieustającej Pomocy był w bocznej nawie. Był już późny wieczór. Klęknąłem sobie i zacząłem się wówczas tak modlić: „Daj mi piękne kapłaństwo, daj, żebym doszedł do kapłaństwa, daj dla całej Polski coś zrobić. Ty jesteś Nieustającej Pomocy".

I tam powstało Radio Maryja, przy Matce Bożej Nieustającej Pomocy. Czy to był przypadek? Zawsze tak jest, jeśli czegoś Pan Bóg bardzo chce, to posługuje się

„przypadkiem". Dlatego też, kiedy tylko mogę, to jadę na Jasną Górę, żeby gdzieś w kąciku stanąć i popatrzeć na Jej obraz. W swych sanktuariach Matka Boża szczególnie daje o sobie znać. To czuje się całym swoim wnętrzem. I tu się otrzymuje siły, bo to jest Jej pole działania… Ona poza tym wszystkim jest najszybszą drogą do Jezusa. To taka prawdziwa Matka, więc wspiera nas, gdy widzi, jacy jesteśmy słabi. Ona jest przy samym Panu Bogu, ileż więc może uczynić dobrego. Trzeba tylko to przyjąć i zacząć działać. Dlatego też te pielgrzymki na Jasną Górę.

Pielgrzymka z dziećmi się tak zaczęła, że po dorosłych przyszły dzieci – Podwórkowe Kółka Różańcowe. Ojciec Święty miał przyjechać do Polski i pomyślałem sobie kiedyś: „Co my Mu damy: modlitwę dzieci". Wszyscy jadą na Jasną Górę. Całe rodziny, może więc przyjadą i same dzieci? No to już. Mam taką zasadę, jeśli coś robić, to od zaraz, nie odkładać na potem. Bo potem to znaczy nigdy. Ustaliłem więc datę tej pierwszej pielgrzymki dzieci: pierwszy dzień wiosny. Dnia 21 marca była niedziela. Myślałem, że będzie garstka dzieci. Tylko tyle, co przed Cudownym Obrazem, ale przyjechało ich tyle, że nie mieściły się w bazylice. To był cudowny widok – wszędzie dzieci. Wszędzie, gdzie był kawałek dachu na Jasnej Górze, były dzieci. Wtedy zobaczyłem, że Podwórkowe Kółka Różańcowe Dzieci to jest armia. I znowuż ta radość, gdy przyszło mi popatrzeć w oczy tych dzieci. Jak podawałem im Komunię świętą, to było widać niesamowite rozmodlenie tych dzieci. Wówczas bardziej zrozumiałem, co Pan Jezus mówił, kiedy powiedział: „Jeżeli nie staniecie się jak dzieci, nie wejdziecie do Królestwa niebieskiego". Dzieci nie są skażone przewrotnością, grzechem, nie są zniewolone i stąd ich modlitwa jest tak miła Panu Bogu i dlatego mogą bardzo dużo wyprosić…

Aż kiedyś pomyślałem tak: „Wszyscy się boją pielgrzymek z młodzieżą, mówią, że nic nie wychodzi, bo młodzież jest taka trudna. Tym bardziej spróbuję…". Zawsze były problemy z młodzieżą i konflikty pokoleń, bo młodość to trudny okres, to okres burzy hormonów. Czy jeżeli coś jest trudne, to mamy tego nie podejmować? Tym bardziej trzeba to zrobić. A jak się coś zacznie, to trzeba to kontynuować. Nie trzeba się wycofywać, trzeba iść dalej i robić rzeczy coraz trudniejsze. Po to przecież przychodzimy do Matki. By otrzymać wsparcie, radę, pomoc. Na tę trudną codzienność. „Uczyńcie, co wam mówi Syn" – przypomina Maryja. „Macie wiele do zrobienia w Polsce, wiele do zrobienia" – dodaje Ojciec Święty. A czy do tych słów można coś jeszcze dodać, tu przed tronem Jasnogórskiej Pani?

Rozdział X

A to Polska właśnie

Swego czasu Radio Maryja dało się poznać jako aktywny uczestnik batalii w obronie życia. Co sprawiło, że Radio zorganizowało marsz w obronie nie narodzonych?

Marsze były dwa. Taki ogromny to był drugi. Przed każdym była sprawowana Msza święta – przed pierwszym marszem w kościele Świętego Krzyża, a przed drugim w kościele Wszystkich Świętych. Co wpłynęło na to, że do tych pochodów doszło? Życie. Ono pokazuje nam, co należy czynić. Splot pewnych wydarzeń wymusza określone działania, jeśli chcemy być wierni Pawłowemu nakazowi, by głosić Ewangelię „w porę i nie w porę…" (por. 2 Tm 4, 2). Raz więc to jest obrona życia, innym razem obrona praw człowieka czy obrona Stoczni Gdańskiej. Te działania to trudny proces budzenia ludzi. Nie można być obojętnym, bo obojętność jest najgorsza.

Gdy chodzi o te marsze, protesty w obronie krzywdzonych, to zaskakuje udział w nich tylu ludzi młodych. Przecież, jak chcieli niektórzy, Radio Maryja miało być tylko dla chorych i starszych.

Była propaganda, że Radio Maryja jest tylko dla ludzi chorych, starych i upośledzonych. Coś skandalicznego. Jak można tak mówić z pogardą o ludziach starszych czy w jakikolwiek sposób niedomagających. To mnie bardzo dotknęło wtedy. Co to za cywilizacja? –

myślałem. Miarą kultury jest przecież podejście do człowieka starszego, słabego, chorego, bezbronnego, do dziecka. Starsi to uniwersytet życia. Od starszych trzeba się uczyć mądrości, a pracy wymagać od tych, którzy mają dużo energii, a więc są młodzi. Dlatego od samego początku chciałem powiązać przez to Radio starszych i młodzież. Nie oddzielać ich od siebie… Widzę tu reżyserię z nieba. Matka Boża bowiem podsuwa nam i ludzi różnych, i różne pomysły. Na początku nie wiemy, dlaczego, dopiero później widzimy, że właśnie tak miało być. To była potrzeba chwili. To Radio to taki uniwersytet. Przychodzą doń tęgie umysły, wielcy świadkowie.

> Istotnie. To niezwykłe, jak to Radio integruje. Jest w *Weselu* Wyspiańskiego taki fragment. Poeta rozmawia z prostą dziewczyną, ona pokazuje na serce i mówi: „To serce", a on odpowiada: „A to Polska właśnie". Dlaczego o tym wspominam, a to dlatego że w pewnym momencie z inicjatywy Radia Maryja organizowane były, gromadzące wielotysięczne rzesze, spotkania Polaków pod hasłem: „A to Polska właśnie", spotkania budzące patriotyzm, mające pogłębiać poczucie wspólnoty narodowej. Niech Ojciec o tym opowie.

Te spotkania to odpowiedź na poniżanie Polaków w ich Ojczyźnie. Jest taki trend, który idzie przez liberalne polskojęzyczne media. Był w pewnym czasie taki trend, by pokazywać, że Polacy to tacy nieudacznicy, nic nie warci. Kiedy jednak patrzę na Polskę, to coraz bardziej widzę, że Polacy to zdolny naród. Oczywiście możemy i powinniśmy też uczyć się od innych. Patrzę na Zachód, na Niemcy. Podoba mi się tam wiele, podoba mi się ich gospodarność, zwłaszcza u Niemców na Zachodzie, nie w dawnym NRD, bo tam, widać skażenie komunizmem. Podobają mi się niemieckie autostrady. Podoba mi się niemiecka oszczędność, to, czego się z takim mozołem dorobili. Spotykałem właśnie takich Niemców katolików, kiedy pracowałem na parafii w Niemczech. W takim Erb, w Izraelu, też się zachwyciłem. Tam nie ma kropli wody, nie ma źródeł, jak mi opowiadali Żydzi, a pełno jest kwiatów, palmy rosną. Nie ma jakiegoś dozowania wody. Erb rozwija się bardzo szybko. Jeszcze w 1948 roku było tam dwóch Beduinów i dwóch żołnierzy angielskich. Ten teren wzięli Izraelici i wszystko pięknie zrobili.

Po co to mówię? Bo każdy naród ma coś, co warto naśladować. Powinniśmy brać z wielu stron świata wszystko to, co jest dobre, ale zachować polskie serca i wiarę ojców. To byłaby piękna Polska. Polacy pokazali w przeszłości, do jak wielkich poświęceń są zdolni. W naszych czasach pokazują, jak można mądrze i w oparciu o dobro wspólne rozwiązywać społeczne konflikty. Nie gdzie indziej, ale właśnie w Polsce zrodziła się „Solidarność". To dzięki Janowi Pawłowi II runął mur berliński. To jest też konsekwencja tego zrywu „Solidarności", który później został wymanewrowany chyba wskutek naszej naiwności i zbytniej szczerości naszych serc niezdolnych przewidzieć machinacji różnych krętaczy… Nie nauczyliśmy się jeszcze reguł gry tego świata. Ale też my nie mamy stawać się tym światem…

Miłość do Ojczyzny, do Polski była we mnie zawsze. Na pewno mocniej biło mi serce na dźwięk słowa: „Polska", gdy pracowałem wśród Polonii. Gdy poznałem tych ludzi, wtedy pomyślałem: „Jaka piękna jest ta Polonia, ilu tu szlachetnych ludzi". Choć są też rany, które tych ludzi dzielą… Tam też wielu agentów weszło, żeby dzielić i niszczyć, ale jest wielu szlachetnych ludzi. Z perspektywy tego oddalenia, ale i pod wpływem nostalgii tych, którzy poza Polską byli dłużej niż ja, zacząłem zauważać to, co dotąd mi umykało. Polskie pieśni, polskie tańce, polskie malarstwo i w ogóle całą polską sztukę. Odkryłem to zawarte w nich piękno… Dostrzegłem też tysiąc lat owocowania tego piękna i dobra. A czymże jest to piękno? „Kształtem jest Miłości", jak podpowiada Norwid. I nie byłoby go bez Ewangelii. Kiedyś usłyszałem Wyspiańskiego i dialog panny młodej z poetą, gdy ona mówi: „Serce", na nie wskazując, a on, ten intelektualista, odpowiada: „A to Polska właśnie…" Wówczas pomyślałem o koncertach patriotyczno-religijnych i że one będą zaczynały się właśnie tym dialogiem. Jeden z pierwszych takich koncertów zrobili we Wrocławiu. Pięknie zrobili. Ojciec Stanisław Golec zaproponował, żeby po tym dialogu zagrać nasz narodowy hymn: „Jeszcze Polska nie zginęła..." I wyszło takie ideowe crescendo, a później równie podniosły był cały koncert. I była też tam figura Matki Najświętszej Fatimskiej, naszej patronki. Z Nią idziemy. Ona nas cały czas prowadzi i Ona bardzo lubi piękno… Czyż nie cudowne jest nawet to, że Matka Najświętsza jest w tylu różnych postaciach na świecie i… zawsze w innych sukienkach. Tak się uśmiecham, że Matka Najświętsza lubi piękno i nawet stroje ładne i ludzie wiedzą o tym. „Ciebie, Matko, ludzie kochają – myślę sobie – i dekorują Cię takimi pięknymi sukniami”. Matka Najświętsza więc, jak wspomniałem, też jest z nami na tych koncertach, na których pokazujemy, że Polska jest po prostu piękna…

Wybaczy pan? Znów o Polsce będę mówił. Polska jest piękna, Polska to ci wszyscy bezimienni bohaterowie. To jest krew przelewana. To męczeństwo minionych pokoleń. To niesamowite osiągnięcia w całym świecie. Zaskakuje mnie to, bo mnie tego w szkole nie pokazywano. A to jest wielka strata, bo to byłaby zachęta do naśladowania. Każdy chce być wielki, każdy chce mieć wzorce. To Polak, Ernest Malinowski budował wiszące mosty gdzieś w Andach i kolej przez nie przeprowadził. Jakie też było moje zdumienie, kiedy zobaczyłem przy San Francisco ogromny, wiszący most i dowiedziałem się, że Rudolf Modrzejewski, syn naszej wielkiej i sławnej aktorki, budował ten most. I znowu Polska. I takie polskie ślady rozsiane są po całym świecie. To są te nasze wzorce dla nas i dla innych! A Kościuszko, Pułaski? Chociażby te parady 3-Majowe w Chicago. Tam widać, jak ci Polacy się cieszą. Oni mówią nieraz co drugie słowo po angielsku, ale występują w krakowskich strojach, góralskich strojach ludowych i gra orkiestra ludowa. Jak jechaliśmy tam w rydwanie Radia Maryja, był sygnał Radia Maryja, zapowiedź itd., ciągle się to powtarzało i nasze pieśni. To, co mnie uderzyło, to tysiące ludzi i masa młodzieży krzyczała: „My jesteśmy Polska”. Ta młodzież urodzona w Chicago. I później zobaczyłem 3 maja całe kawalkady samochodów z ogromnymi biało-czerwonymi flagami. Nowocześni ludzie, w nowoczesnych samochodach, będący poza Polską, w największym skupisku Polaków w Chicago. Zobaczyłem, jak ta piękna młodzież kocha Polskę. Przejęli to od rodziców. I to jest właśnie Polska, a nie to poniżanie i ten antypolonizm. Nie wolno ludzi poniżać, nie wolno dać się poniżać. Jesteśmy wezwani do wolności, Chrystus nas wyzwolił do wolności, i to wolności dzieci Bożych. To jest Polska. Jest bardzo wiele powodów do radości, chociażby Jan Paweł II. Czy to nie jest powód do radości? A co teraz media robią z Janem Pawłem II? Zastanawiają się, kiedy ustąpi, pokazując jego chorobę i umęczenie… A on tym cierpieniem działa na miliony. Mówiono, że niewielu młodych ludzi przybędzie do Tor Vergata na spotkanie z Ojcem Świętym. A było półtora miliona młodych, a może i więcej. I masoneria tak się wówczas zdenerwowała, że w tydzień po tym spotkaniu zrobiono w Rzymie marsz homoseksualistów, żeby wymazać te modlitwy i to wrażenie, jakie ci młodzi ludzie wywarli. To jest metoda: niszczyć symbole, odwracać je. To jest taki satanizm – krzyż może być, ale krzyż można odwrócić. Do młodzieży na Tor Vergata Papież powiedział: „Może będziecie wezwani do dawania świadectwa", a wtedy stała się rzecz zdumiewająca – wszyscy zaczęli krzyczeć, że są gotowi oddać siebie Chrystusowi. I tego dokonuje ten umęczony, cierpiący Papież.

My mamy zatem niejeden powód do tego, żeby być dumnymi… Mamy też niejeden powód, by dziękować Panu Bogu. Polska jest piękna, Polska ma wiele do zaoferowania światu, ale nie wtedy, kiedy będziemy rozmazani, kiedy damy się innym rozdeptać. Jak Polska jest piękna i jak jest wartościowa – to wiedzą wrogowie, ci, którzy nas wykupują, którzy oszukują nas przez media... Ci sami, którzy chcą Polskę zniszczyć rękami Polaków... Tak jak rękami „Solidarności" niszczyli „Solidarność" i jak przy pomocy katolików chcieliby zniszczyć Kościół. To jest ta szatańska przewrotność.

> Polska to też Polonia rozsiana po całym świecie. Już o tym Ojciec wspomniał. Radio Maryja trafia do tych ludzi w różny sposób: przez satelity, przez internet. Radio aktywizuje tam wiele środowisk. Na całym świecie tworzą się bowiem Biura Radia Maryja, Koła Przyjaciół Radia Maryja, lokalne Rodziny Radia Maryja. „A to Polska właśnie..." – tam też się pojawia. Czy nie jest tak, że Radio Maryja pozwala tym ludziom w Niemczech, Norwegii, Belgii czy Stanach Zjednoczonych znów dumnie podnosić czoła, znów czuć się Polakiem, a czasami po prostu zachować narodową i kulturową tożsamość?

Widać, jak piękna jest Polska, ale też widać, jak Polskę niszczą. To swoisty holokaust, który przeżywa Polska i Polacy średnio raz na 25 lat. Przypatrzmy się tylko. Po 123 latach niewoli, podziałów, niszczenia nas, odzyskujemy w 1918 roku niepodległość i już w 1939 roku straszna wojna. Ileż ofiar ludzkich pochłonęła ta wojna trwająca 6 lat. Wielkie męczeństwo. A później przychodzi następny niszczący nas straszny totalitaryzm. W latach pięćdziesiątych pojawia się ustawa o zabijaniu nie narodzonych. To kolejny holokaust. Nie minęło nawet 25 lat. Rok 1980 stan wojenny i prawie milion ludzi wyrzuconych z Polski. A obecnie to koło historii toczy się szybciej. Już teraz w ciągu dwóch ostatnich lat ponad 200 tysięcy młodych ludzi opuściło Polskę. Ludzi wykształconych, pełnych energii, ludzi z przyszłością, myślących, dających sobie radę. A teraz znowu szykują nam wyjazd za granicę przynajmniej 500 tysięcy młodych ludzi, wykształconych za nasze pieniądze. Będą musieli wyjechać za pracą. Jest to straszna przewrotność tych, którzy zaplanowali, by Polskę zniszczyć. Niedawno dr Andrzej Szcześniak mówił o pewnych tajnych planach z 1914 roku, które gdzieś tam wobec Polski podjęto. To nieprawdopodobne, ale ów plan realizuje się teraz. Polska znów jest przedmiotem ataków, a dlaczego? Bo to jest zarazem atak na Kościół. Bo naród tak duży, o jednej kulturze, jednym języku, naród chrześcijański, wierzący może ponieść Chrystusa światu. A współcześni inżynierowie zła, inżynierowie budujący nowy totalitarny system nie chcą Chrystusa. Chrystus im przeszkadza, gdyż ludzie wierzący w Chrystusa mogą rozsadzić im ten system. To oni zaplanowali, że na Zachodzie jest tylko 20% bogatych, a 80% ludzi biednych. Tutaj, w tym byłym Bloku Wschodnim ma być tylko 10% bogatych, ale zaprzedanych, a 90% biednych niewolników. A Chrystus przychodzi i mówi o wolności, wyzwala nas do wolności, a tego ci specjaliści od zła bardzo się boją. Toteż ta swoista agresja na Polskę, to atak nie tylko na naszą własność. Tu nie tylko chodzi o polską ziemię, o materialne sprawy… Tu rzecz idzie o dusze. Teraz rozumiemy, dlaczego przedmiotem ataków staje się

Polska, rodzina, dzieci. Stąd działania, by zdemoralizować, zniszczyć rodzinę. Zdemoralizowane dzieci nie będą dobrymi matkami i ojcami. Czy oni w ogóle będą mieli dobre rodziny? To jest znak zapytania. To jest ten szatan, to są te czasy apokaliptyczne.

A Polonia? Właśnie wróćmy do niej. Podziwiam tych Polaków na obczyźnie właśnie za to, jak potrafią kochać, jak tęsknią za Ojczyzną, a równocześnie jak są wierni Panu Bogu. Oni są często tak samo wierni Panu Bogu, jak ich przodkowie, którzy szli za chlebem i nie mieli nic. Byli bardzo biedni, nie znali języka. Bardzo ciężko pracowali, żeby się czegoś dorobić, ale budowali kościoły. Teraz Polacy również nie tylko kościoły budują, ale bronią Kościoła. Czy to w Europie, czy to szczególnie w Ameryce widać, jak oni bronią kościołów, żeby tych kościołów nie rozbierali, nie sprzedawali, żeby nie zamieniali ich na coś innego. Ci Polacy mają coś, co określa się jako *sensus ecclesiae*, intuicję, zmysł Kościoła. Takim Polakom trzeba z wielkim hołdem i czcią ręce całować. Oni też tworzą Biura Radia Maryja i Koła Przyjaciół Radia Maryja. To są kochani ludzie, często bardzo osamotnieni, jak zresztą tu, w Polsce, osamotnieni i niezrozumiani. Jeszcze przykleja się im jakieś etykietki sekciarzy, fundamentalistów, nawiedzonych. Tak robi diabeł. A ci ludzie bez seminarium, bez wykształcenia teologicznego, pastoralnego sami tym, co mają w sercu, dzielą się i chcą służyć Kościołowi, Chrystusowi, głosić Ewangelię. To są wspaniali ludzie i dziękuję Panu Bogu za nich. Myślę, że taka właśnie Polonia jest szansą dla Polski. Polska i Polonia to jest jedno serce, tylko dwie komory. Serce nie może pracować jedną komorą, potrzebuje dwóch… Tak to odbieram. To jest Polska, to jedno serce.

A co z tą Polonią na Wschodzie, której państwo polskie często nie pozwala wrócić i nawet w jakimś sensie utrudnia przyjazdy do Polski? Tyle milionów ludzi?

Możemy przynajmniej dawać Radio. Z myślą o tych ludziach są fale krótkie. Nie wiemy, do ilu ludzi dochodzą nasze audycje. Wiemy jednak, że miesięcznie około 40 tysięcy dolarów musimy zapłacić w Moskwie, bo korzystamy z ich nadajników na Uralu. W Wyższej Szkole Kultury Społecznej i Medialnej prowadzony jest też dla młodzieży polonijnej kurs Letniej Szkoły Polonijnej. Wiem, że to jest kropla, maleńka kropla w morzu. Cóż im mogę powiedzieć? Żeby się nie poddawali i że Polska jest ich matką. Są jednak w Polsce ludzie, którzy mogą tym nieszczęśnikom pomóc, ale nie chcą pomagać tamtym Polakom na Wschodzie. Lekceważą ich, tak jak lekceważą Polskę. I to trzeba wiedzieć. Trudno się więc dziwić, że część tych Polaków uważa, że Polska jest dla nich macochą. Ale to nie Polska jest macochą, tylko fałszywymi Polakami są ci, którzy tym ludziom nie chcą pomóc. To jest bardzo bolesne. Pan Bóg jednak w końcu znajdzie rozwiązanie. Już widać, że to idzie w dobrym kierunku. Tylko nie wolno się poddawać. Kiedyś Ojciec Święty podczas jakiejś audiencji powiedział do mnie: „Tylko się nie daj". Na chwilę odszedł, po czym wrócił jeszcze do mnie i powiedział jeszcze raz: „Pamiętaj, najważniejsze to się nie dać". I to jest to. Każdemu więc to powtarzam i dodaję: „Nie daj się. Nie jesteś sam, przecież Pan Bóg jest z tobą, nie daj się. Do przodu".

A sprawy związane ze Stocznią Gdańską i Tormięsem. Co o tym Ojciec mógłby nam powiedzieć?

To są tylko dwa znaki niszczenia Polski. Stocznia Gdańska. To było bardzo spontaniczne. To była natychmiastowa odpowiedź. Ja myślę, że na wszystkie wyzwania, które do nas przychodzą, trzeba odpowiadać natychmiast. Nie wolno mówić: „Potem. Zastanowimy się, usiądziemy. Zrobimy naradę…". Jeśli trzeba czynić dobrze, to właśnie trzeba czynić dobrze od razu. Jeżeli człowiek ginie teraz, to teraz trzeba mu od razu pomagać, a nie czekać. Dowiedziałem się, co dzieje się w Stoczni wtedy, gdy ktoś do mnie zatelefonował i powiedział: „Proszę Ojca, już jeden człowiek sobie życie odebrał". „Ale co się dzieje?" – zapytałem. „Zamykają Stocznię, zwalniają ludzi". „Nic nie wiem o tym. Przyjdźcie i opowiedzcie o tym". I wtedy przyjechali. Opowiadają mi o tym, co się tam działo. Przy mikrofonie, podczas audycji na żywo powstał Społeczny Komitet Ratowania Stoczni Gdańskiej i Przemysłu Okrętowego. Do dzisiaj ten komitet działa. Podejmuje starania, ażeby odzyskać Stocznię. Przypadek Stoczni potwierdza, że przy tak zwanej prywatyzacji były zwykle same nieprawidłowości prowadzące do rozkradania majątku Polski.

Podobnie było z Tormięsem. Poniewierano tam ludzi. Tormięs został rozkradziony na oczach wszystkich. W majestacie prawa. To świadczy tylko o rozmiarach korupcji w Polsce. Jeżeli nie będzie odnowienia sumień, jeżeli nasza świadomość nie będzie odnowiona, to idziemy w kierunku samozagłady. Będzie tak, jeżeli się nie pozbieramy, nie zorganizujemy wszyscy wokół prawdy, dobra… Egoizm nas zabija. Jeżeli się nie zorganizujemy – powtarzam raz jeszcze – to sami sobie przygotowujemy zagładę. A my jesteśmy wezwani do wolności. Do niej wyswobodził nas Chrystus. Ale tę wolność trzeba ciągle zdobywać, ciągle poszerzać jej przestrzeń. I znów dotykamy wolności prawdziwej. Gdy ją tracimy, tracimy też i wolność ekonomiczną. Stajemy się zniewoleni, jeśli odrzucamy Chrystusa, który, jako jedyny, będąc Panem, nie odbiera nam wolności, lecz ją umacnia. Grzech zaś i jego ojciec mamią nas od zawsze tylko pozorem wolności… Pamiętajmy, wolność jest w prawdzie. Najpierw tę prawdę trzeba poznać. Ona nas wyzwala. Musimy ją poznać i przyjąć. Poznać to właśnie znaczy przyjąć. Takie jest biblijne znaczenie poznania. Poznać zatem prawdę, to przyjąć ją i nią żyć, czyli praktykować całym swoim życiem. I to jest ta droga Polski. Radio Maryja ma temu służyć i dlatego są *Rozmowy niedokończone*. Podczas tych audycji uczymy się nawzajem. Dzielimy się doświadczeniem. Po to, by ciągle zmierzać do prawdy. Coraz głębiej. To droga, kiedy autentycznie zaczynamy iść po śladach Chrystusa…

Oderwijmy się nieco od tych smutnych owoców. Pomówmy o przyszłości Ojca. Jakie Ojciec ma plany?

Mam plany, ale nie wiem, czy będę za godzinę jeszcze żył. Trzeba tak planować, jakbym mógł być całą wieczność na ziemi, ale trzeba być gotowym w każdej chwili odejść, przejść do wieczności. Mam plany i nie tylko ja, ale i ludzie, którzy są w tym naszym kręgu. Planujemy razem, marzymy, myślimy. Pan Bóg nam przysyła ludzi, a równocześnie Pan Bóg daje wzrost tym ludziom, przygotowuje do zadań, których ja, i pewnie oni, w tej chwili nawet nie znamy. To widać. Trzeba właśnie dlatego iść dalej. Ojciec Święty mówił, że „nie wystarczy przekroczyć próg, ale trzeba iść dalej". Stąd nasze zawołanie: „Alleluja i do przodu". Dlatego: nie oglądać się wstecz ani na boki; nie myśleć, że ktoś mi tam coś powie albo ktoś mnie nie pochwali. Tu nie ma czasu na dopieszczenie. Jeśli ktoś tego oczekuje, to świadczy o tym, że jest jeszcze niedojrzały… Ktoś, kto chce prowadzić innych, powinien dawać miłość, a nie czekać, żeby samemu ją otrzymać. Musimy mieć więcej męstwa, by iść dalej, by siebie dawać, służyć Panu Bogu, Ojczyźnie, Kościołowi, narodowi polskiemu. Gdy polski naród będzie umocniony Bogiem, to poniesie Ewangelię dalej. Wówczas zacznie przemieniać cały świat, tak jak to czyni Polonia. Proszę sobie wyobrazić: tyle milionów ludzi, tyle milionów uczniów Chrystusa. Świat cały byłby przemieniony i tego boją się wrogowie Kościoła, wrogowie Pana Boga. I to trzeba jasno widzieć. Ale nie wolno też mieć niechęci do nich. Trzeba wiedzieć, czego się można po nich spodziewać, lecz o nich też zabiegać, o ich dusze.

Może jakieś konkrety?

Mamy wielkie plany. Ale nie będę ich ujawniał, żeby nie przeszkadzano nam ich zrealizować. My po prostu chcemy iść dalej. Niestety, musimy się pchać, kulturalnie, ale się pchać. O tym pchaniu to usłyszałem kiedyś od Ojca Świętego: „Żeby coś dobrego zrobić, to nawet w Kościele trzeba się pchać". Trzeba zatem iść do przodu, rozpychać się, ale kulturalnie.

Może jednak Ojciec choć coś powie o swoich planach związanych z Wyższą Szkołą Kultury Społecznej i Medialnej.

Powiem tylko tyle. Ważna jest formacja, nie tylko informacja. Bardzo często ludzie z tytułami mają wnętrza tak słabo uformowane jak małe dzieci. I to jest tragiczne, bo skutek jest taki, że są to słabe charaktery, słabe osobowości. Dlatego w naszej uczelni od tego roku akademickiego wprowadziliśmy asystentów prowadzących. Ci asystenci są w jakiś sposób już uformowani. Są oczywiście po studiach i są młodzi. Ważne jest bowiem, żeby mieli kontakt z tą młodzieżą. Oni właśnie prowadzą studentów w małych grupach. Są spotkania formacyjne, które pomogą tym młodym ludziom wejść nie tylko w życie uczelni, ale i w życie poza nią z wartościami chrześcijańskimi. To nie jest system korepetycji. To za mało. Taki asystent przypomina animatora z oaz. Mam nadzieję, że pomoże to w formowaniu tych młodych ludzi, którzy przyszli na uczelnię z różnych miejsc, żeby się dobrze poczuli na uczelni, żeby stanęli na nogi, żeby kiedyś sami potrafili iść, żeby sami sobą potrafili rządzić w myśl zasady: „Jeżeli ja sobą nie rządzę, to wtedy rządzą mną me żądze…" Widzę bardzo często przykłady prawdziwości tej zasady. Jeżeli człowiek inteligentny nie jest uformowany i rządzą nim żądze, to całą swoją inteligencję i wykształcenie oddaje często na usługi zła. Dlatego w tej naszej uczelni najpierw zwróciłbym uwagę na formację. Mamy inne potrzeby, to prawda, dużo potrzeb, ale pierwsze to są te sprawy dla ludzi. Gnębi mnie więc to, że jeszcze nie mamy akademików, tak jak chcieliśmy na początku. Utrudniają nam załatwienie tego, ale wierzę w to, że ta szkoła jest od Pana Boga i Pan Bóg pomoże rozwiązać nam problemy, które wynikają z organizowania jej. Po prostu: trzeba iść dalej i zawsze mówić „tak" Panu Bogu.

Rozdział XI

To Pan Bóg robi wielkie rzeczy

Mówiąc o przyczynach powstania Radia, nie sposób pominąć czynnika decydującego – nazywa się on Ojciec Tadeusz Rydzyk. Rozumiem, że Ojcu trudno o tym mówić, można by o to pytać innych, ale czy Ojciec nie widzi jakiejś swojej specjalnej roli. Co by więc było, gdyby Ojca zabrakło na początku czy po dwóch latach, czy choćby teraz?

Odpowiem tak. Po pierwsze, że Radio to szczególna przygoda, w której uczestniczę. To jest trochę tak, jakbym patrzył na coś z boku, a jednocześnie jakbym był zanurzony w tym wszystkim. Innymi słowy, uczestniczę w czymś, ale nie odgrywam tu jakiejś pierwszej roli. Wiem, że Pan Bóg też dał mi łaskę uczestniczyć w tym Radiu. Może dlatego, że zawsze moim pragnieniem była ewangelizacja. Ale też wiem, że w tym dziele uczestniczy więcej ludzi. Ja uparcie tylko modlę się, żebym dał radę, żebym wytrzymał, żebym miał jeszcze trochę siły. I wiem, że muszę być wierny. Tak odbieram tę moją rolę. Dlatego wciąż modlę się, bym tego nie popsuł. Wiem bowiem, że popełniłem wiele błędów, na pewno za drugim razem wiele rzeczy zrobiłbym inaczej. Modlę się też o to, by te błędy mi ludzie wybaczyli. Wyrzucam sobie, że może zraniłem kogoś. Ale to było bicie się o prawdę. Przez cały czas. I dziś powiedziałbym o tej mojej roli tak: że wszystko w tym Radiu robi się małymi środkami, o ile człowiek może być środkiem, że małymi ludźmi Pan Bóg robi wielkie rzeczy. Tak to odbieram. Radio Maryja działa jak te kółka różańcowe założone przez Madzię Buczek.

Wiadomo, że bez Ojca Rydzyka nie ma Radia. Przeciwnicy myślą, że wystarczyłoby go wyeliminować z tej gry, żeby to już nie było to Radio. Niby zostałoby wszystko to samo: katecheza, modlitwa, może i *Rozmowy niedokończone*. Ale to właśnie Ojciec sprawia, że to Radio wkracza w świat, dotyka spraw narodu, dotyka Polski. Kiedyś Ojciec, co sam przyznaje, czytał „Tygodnik Powszechny", „Więź", przyjaźnił się z tymi środowiskami. Dziś się z nimi Ojciec nie zgadza. Co zatem Ojca tak naprawdę ukształtowało, co w konsekwencji dziś kształtuje ducha Radia Maryja?

Myślę, że dom rodzinny. Tam odbiera się najważniejsze wychowanie. Później nowicjat zakonny, seminarium, czas kształtowania w kapłaństwie i pragnienie prawdy. Pragnienie, by służyć bezkompromisowo. Jeżeli powiedziałem Panu Bogu „tak", to mówię dalej „tak" i nie ma miejsca na „tak, ale". Dziś po wielu latach widzę, jak Pan Bóg przygotowuje, jak pokazuje po drodze to, co ważne. Istotnie, jak wielu z nas wyczekiwałem na każdy „Tygodnik Powszechny". Było „Słowo Powszechne" i „Tygodnik Powszechny", wolałem „Tygodnik Powszechny". Czytałem też „Więź". I zawsze od deski do deski. Przeglądałem „Znak". Cieszyłem się, gdy byłem w Krakowie, że mogę spotykać się z tymi ludźmi, z KIK-ów, z „Tygodnika Powszechnego", ze „Znaku". Muszę jednak powiedzieć, że ciągle czegoś mi brakowało. Miałem wrażenie, że coś było nie tak. Może dlatego bardziej odpowiadały mi oazy niż KIK-i i ta formacja, w której się do Pana Boga zwracało, Pana Boga się przyjmowało i żyło tym, czego On nas uczy. W KIK-u zaś mówiono o Panu Bogu przy okazji. Zauważyłem, że tam gromadzi się inteligencja, która się boi Kościoła. Inteligencja, która by chciała poprawić nawet nie tyle Kościół, co może i Chrystusa. I to mi nie bardzo pasowało. Dużo mi dało zetknięcie się z Zachodem, z Kościołem na Zachodzie, z tamtymi prądami. To było bardzo żywe, a jednocześnie właśnie tam spotkałem się z ludźmi, którzy się zupełnie oddali Panu Bogu, wzięli Ewangelię na serio, Chrystusa na serio. Obok Chrystusa nie można stać: albo się jest z Nim, albo przeciw Niemu. Inaczej: trzeba nieustannie być wszczepionym w Chrystusa i jednocześnie pozwolić Mu być w sobie cały czas. Trzeba przyjąć Go dosłownie. Gdy wróciłem do Polski i tu zaczynałem dostrzegać ten „katolicyzm ale" i jego rezultaty, które widziałem na Zachodzie: odrzucenie kultu Matki Najświętszej, pewnych nauk Kościoła, odrzucenie spowiedzi, niechęć do przyjmowania Eucharystii w tradycyjnej postaci, tylko jako jakiegoś symbolu, znaku… Popatrzyłem na to i mówię: „Boże, uratuj Polskę, żeby nie stało się w Polsce to, co stało się z tamtym Kościołem". Dlatego – myślałem – po pierwsze, katecheza. Po drugie, modlitwa, przyjęcie Pana Boga bez żadnych „ale". Po trzecie zaś – musimy być jedno, ale by tak było, to trzeba rozmawiać ze sobą, trzeba odkrywać prawdę, a ona nas wyzwoli.

Dlaczego wielu tak Ojca atakuje? Dlaczego dla wielu jest Ojciec uosobieniem tego, co wsteczne? Dla-

czego tak wielu Ojca się boi? Czy dlatego, że jest Ojciec konsekwentny? Czy też dlatego, że Ojciec doświadczył tego, co spotkało Kościół na Zachodzie, i stąd jest Ojciec bardziej na to wyczulony? Czy te pytania prowadzą do wyjaśnienia fenomenu, który się nazywa Ojciec Rydzyk?

Po pierwsze, to ja nie jestem nikim nadzwyczajnym. Ja się ciągle uczę od wielu księży. Wielu z nich pokazywało mi i wciąż pokazuje tę właściwą drogę. Porywa mnie ich wierność. Pierwsza jednak sprawa to Pan Bóg, Chrystus. On jest Miłością, ja tego doświadczam, jeżeli chcę Go kochać. Nie znaczy, że ja nie mam wad, nie znaczy, że nie upadam, ale podnoszę się, modlę się, żeby On mnie niósł, żeby mnie podnosił, żeby jakoś mnie prostował, żeby te skutki grzechu we mnie też jakoś uleczył. Przecież nie można Pana Boga nie kochać, nie można Chrystusa nie kochać. I konsekwencją tego jest to życie według Jego nauki. I nie ma dyskusji nad przykazaniami. Przykazania nie są dla mnie ograniczeniem, tylko drogowskazami. Według mnie niebezpieczeństwo zaczyna się, gdy słyszę: „Jestem katolikiem, ale…" i po tym „ale" zaczyna się właściwie pogaństwo. W *Apokalipsie* Janowej przecież czytamy: „Obyś był zimny albo gorący! A tak skoro jesteś letni (…), chcę cię wyrzucić z mych ust" (Ap 3, 15n). Innymi słowy: jesteś na „tak" albo na „nie". Bez kombinowania. To kombinowanie widziałem w komunizmie i teraz też je widzę. Takie podejście handlowe. Ktoś przychodzi, pięknie się uśmiecha i wciska jakiś towar, który jest absolutnie zły, a mówi, że to jest dobre. Warto więc to w końcu sobie uświadomić, że prawda idzie za miłością. Choć jest problemem, jak to zrobić, żeby prawda była w miłości, a miłość w prawdzie. Chrystus bardzo jasno stawiał sprawę. Przyjmował jawnogrzesznice, przyjmował ludzi słabych, którzy uznawali swój grzech, którzy nie kombinowali, którzy żyli w prawdzie. Były więc miłość i prawda. Ale Chrystus jednocześnie, jeśli widział tę obłudę, zakłamanie, to nazywał je po imieniu. Mówił: „plemię żmijowe", „groby pobielane". Brał bicz i przepędzał. Chrystus mówił bardzo jasno. Myślę, że to jest bardzo ważne i nie wyobrażam sobie, by można było inaczej. Dlatego modlę się o ten ogień wewnętrzny, gdyż wiem, że żyje się raz. Ja tylko jeden raz żyję, jeden raz jestem człowiekiem, jeden raz kapłanem. Jeden raz tylko. I ten dany mi czas kiedyś minie, więc trzeba go wykorzystać jak najlepiej. Niestety, doświadczam na sobie słabości, też fizycznej. I choć chciałbym dużo więcej i lepiej, nie mogę zrobić wszystkiego. Ale doświadczam też na sobie wielkiej Bożej miłości. Pan Bóg bowiem bierze te nasze małości, słabości i z tego robi wielkie rzeczy. To tak jak z chlebem i winem, z których Chrystus czyni swoje Ciało i swoją Krew, tak Bóg przemienia to wszystko. Widzę to w Radiu Maryja, że On cały czas te małe sprawy bierze. Ludzie w Radiu Maryja to skromni ludzie, a jaka potęga. Bo to jest potęga wiary i miłości.

Właśnie. Ludzie w Radiu to potęga wiary i miłości. Myślę jednak, że, aby w tych ludziach uruchomić tę drzemiącą w nich moc, potrzebny był jakiś zaczyn. Myślę, że to coś, co Ojciec nosi w sobie... Więc skąd ten zaczyn, jaka jest na to recepta?

Wydaje mi się, że to wszystko bierze się z miłości. Miłość powoduje, że jest w nas taki ogień i ten ogień nas nieustannie pcha do tego wszystkiego, co dobre. O sobie mogę tylko powiedzieć, że było we mnie pragnienie centrum ewangelizacji, żeby Ewangelia była głoszona jak najszerzej. Żeby ludzie szli i mówili o Chrystusie, mówili o Jego nauce. Żeby dostrzegać we wszystkim tę Bożą miłość… Wszystko mówi mi o tej jedynej Miłości, cały świat mówi mi o niej, mówi mi o niej tyle dobra i dlatego to pragnienie.

Celem moich działań nie jest Radio Maryja. Radio Maryja jest tylko środkiem. Środkiem, by ludzie mogli zauważyć, że najważniejszy jest Pan Bóg, że jest ważny człowiek, że jest ważna Polska. Wówczas pojmiemy, jak ważna jest przyszłość człowieka, jak przyszłość Polski jest ważna. Wówczas zrozumiemy, że i świat jest ważny i że jest ważna przyszłość świata. Dopiero wtedy stanie się nam bliski problem szkoły, bo będziemy wiedzieć, że ci ludzie uformowani w tych szkołach będą mogli w pełni świadomie kształtować ten świat, tak by zwyciężała miłość i prawda. Te wszystkie natchnienia daje Pan Bóg, to Duch Święty w nas mówi. To są może wielkie słowa, ale chciałem powiedzieć, że ja sam czuję się bardzo małym człowiekiem, widzę swoją nędzę, swoją małość, niewielkie możliwości. I wiem, że wszelkie dobro przeze mnie robi Pan Bóg. Ważne tylko, żebyśmy każde Jego natchnienie, nawet to drobne, przyjmowali. I ważne, byśmy chcieli zapłonąć od tego ognia wewnętrznego, który nie pozwoli spać, nie pozwoli nam być takimi nudnymi, nie pozwoli tracić czasu. To wielka radość nie

tracić czasu, a jeszcze większa czuć w sobie ten Boży
dynamizm przez cały czas…

Ojciec zatem coś zaczyna i zakłada, że jeśli Pan Bóg
będzie tego chciał, to Ojciec to osiągnie?
Może to dziwne, ale ja nigdy nie myślę o tym, że to,
co akurat zaczynam, nie wyjdzie. Raczej stawiam sobie pytanie: co zrobić, żeby to wyszło? Trzeba mieć
zasadę: Rzeczy trudne robię od razu, niemożliwe za
chwilę. Po prostu ten Boży ogień pobudza mnie usta-
wicznie i nie umiem tego inaczej nazwać, a jeszcze
bardziej wytłumaczyć… To poza tym normalne, że jeżeli coś zaczynam, to mam to zrobić i jeśli ja tego naprawdę chcę, to robię. I dlaczego to ma nie wyjść,
przecież to jest wszystko jasne, nie widzę rzeczy nie-
możliwych w takim znaczeniu, jeżeli widzę ich cel. Co
zaś jest dla mnie niemożliwym? Niemożliwym jest tylko mieć więcej czasu ponad ten czas, który został nam
dany. I to jest problem.

Czy Ojciec planował, że Radio Maryja będzie nie tylko stacją lokalną, ale rozgłośnią ogólnopolską, że
przyjmie taki kształt i zasięg, jaki ma obecnie?
Ja nie myślałem tylko o Toruniu i Bydgoszczy, lecz
od samego początku myślałem o całej Polsce, a nawet
szerzej, o wszystkich Polakach. I marzyłem o tym, żeby Polacy się jednoczyli przez wymianę doświadczenia, tego doświadczenia płynącego z szukania prawdy i miłości. Nie, żeby jednoczyli się wokół jakiejś
ideologii. Chciałem, żeby była wymiana, dzielenie się,
to, co śpiewamy: „Dzielmy się wiarą jak chlebem",

„Abyśmy byli jedno, podajmy sobie ręce". To jest ta atmosfera, to tu są zawarte te prawdy, które trudno jest wyrazić. Wiem, że razem można bardzo dużo. Wiem, że my czujemy się rodziną. Jesteśmy może na siebie obrażeni, mamy do siebie wiele pretensji, ale takie narzekania wynikają z tego, że chcemy, żeby coś było inaczej. Oczywiście, nie wiedziałem, jak to będzie, jeszcze nie wiem jak, mam pragnienia, o których nie mówię. Ale widzę, w jakim kierunku to powinno iść i dlatego są też te pragnienia, żeby to realizować, chodzi o pewną ideę. Oczywiście, że myślałem o całej Polsce. Jeszcze nie ma całej Polski. Nie wiedziałem, że będzie tyle trudności. Myślałem, że jest mniej zamieszania w głowach i sercach ludzkich, że naród, który od tysiąca lat jest chrześcijański, będzie całkowicie wierny Chrystusowi. Przecież, jeżeli Chrystus podpowiada, podpowiada tak i to jest jeden kierunek, w którym nie ma pomieszania w życiu pojęć, wartości. Nie może być dobro i zło. Jest tylko dobro. Nie może być miłość i nienawiść. Jest tylko miłość.

Rozdział XII

Nas łączy Chrystus

Radio Maryja, co wyraźnie widać, jest nie tylko radiem, ale jest zaczynem, który rodzi różne inicjatywy, a te z kolei są początkiem następnych. Ono niczym „trąba Pana" budzi i aktywizuje polskie społeczeństwo. Przykładem tego jest Rodzina Radia Maryja. Tak naprawdę to najbardziej aktywna, by nie powiedzieć, najbardziej żywa rodzina w Polsce. Wydaje się, iż u jej początków były grupy pana Kazika. Czy to Ojciec je inspirował, czy też one się zrodziły spontanicznie?

Pewne inicjatywy pojawiły się wcześniej niż grupy pana Kazika, ale jest on dobrym przykładem tego, jak rodziła się Rodzina Radia Maryja. Pan Kazik o powstaniu tych grup opowiada tak, że pewnego dnia usłyszał o Radiu i pomyślał: „Ja muszę temu Radiu pomagać". I zaczął pomagać ze swoją żoną. Później dołączyły się do tego dzieci: córka, zięć, syn i w końcu synowa oraz wnuczki. Tak się zaczęło, a później do tej rodziny przyłączył się ktoś, z kim pan Kazik spotykał się w kościele na Eucharystii. Takie były te pierwsze kroki Rodziny Radia Maryja. I to jest tak jak z tym małym kamyczkiem – rzucony z góry może spowodować lawinę. Tak samo było z panem Kazikiem. On ma w tej chwili w swojej grupie ponad tysiąc ludzi. To jest największe Koło Przyjaciół Radia Maryja w Toruniu. A teraz w tej jego grupie są także ludzie spoza Torunia. Ci ludzie co miesiąc mają swoją Eucharystię. Jest Msza święta za nich. Oni są prawdziwą wspólnotą, która pomaga Radiu Maryja. Pomagają w taki sposób, w jaki potrafią. Bardzo często jest to wdowi grosz. To są po ludzku mówiąc, niejednokrotnie bardzo małe grosze. Ale jest to wielki udział, bo to jest wkładanie serca.

Rodzina Radia Maryja – myślę – wyszła z potrzeby serc. Kościół jest rodziną. Chrystus w nim nas jednoczy. Jeśli my wierzymy w Pana Boga, jeśli kochamy Go, to kochamy też ludzi. Przecież człowiek to istota społeczna. Ludzie więc, gdy usłyszeli bliski sercu głos, ludzie często samotni, w opustoszałych domach, poczuli, że nie są sami. Pamiętam takie wydarzenie, bardzo krótko po zaistnieniu Radia, przyjechał do mnie ktoś z Poznania i mówi: „Proszę Ojca, myślałem, że w moich poglądach jestem osamotniony. Tak to wyglądało z mediów, że właściwie to już jest końcówka tak myślących jak ja, że należę do tej końcówki, że jestem sam. Gdy usłyszałem Radio i rozmowy, zobaczyłem, że nie tylko ja tak myślę, pojąłem, że jest nas wielu. I poczułem, że jednak nie jestem sam w moich poglądach, w moim wyznawaniu wiary, w moim miłowaniu Pana Boga, Kościoła, ale i Ojczyzny, i mojego narodu". Kiedyś napisała do mnie pewna pani, także chodziło o tę radość odkrycia wspólnoty. Radio istniało wówczas może dwa lata, a może trzy. Czytałem korespondencję, przeważnie w nocy, nieraz i o trzeciej nad ranem, i różne bywały to listy, ale w tym zobaczyłem słowa, które zostaną już we mnie na zawsze: „Od trzynastu lat leżę tylko na jednym boku, chora, i nie widziałam sensu tego cierpienia. Teraz widzę. Zobaczyłam sens mojego cierpienia i zobaczyłam, że nie jestem sama. Mam rodzinę"… Wtedy doświadczyłem po raz kolejny, że to Radio ma sens, bo ono sprawia, że my wszyscy dostrzegamy to, co daje Kościół, co daje bycie z Panem Bogiem. Dostrzegamy, że Jezus Chrystus jest naszym bratem… Trzeba tylko impulsu… Mamy przecież tę samą wiarę, miłość, podobnie kochamy, podobnie szukamy, podobnie jesteśmy zanurzeni w tej samej kulturze. I okazuje się, że my potrafimy cieszyć się na spotkanie ze sobą, że tęsknimy do siebie. Widać to od samego początku Radia, widać to w tych wszystkich spotkaniach. Dlatego właśnie słuchacze Radia Maryja mówią jednym głosem. Jeżeli spotykam się z ludźmi, czy to będzie w Gliwicach, czy w Poznaniu, czy na południu Polski, czy na północy, czy w Warszawie, czy w jakiejś małej wiosce lub w małym mieście, w Polsce czy gdzieś w Europie, czasem w Ameryce – wszyscy mają ten sam ogień w oczach, takie samo spojrzenie, podobny uśmiech. My, wierzący w Chrystusa, czujemy się po prostu razem. I to jest właśnie rodzina. Normalnie, jeśli ludzie są razem, to czują odpowiedzialność za to, co kochają, co ich jednoczy.

Widzę więc także odpowiedzialność za Radio, ale widzę i odpowiedzialność za Kościół przede wszystkim, za Pana Boga w nas, widzę odpowiedzialność za Ojczyznę. Wszyscy budują ten dom, któremu na imię rodzina. Jest mi trudno powiedzieć, kiedy ludzie się nazwali Rodziną Radia Maryja. Jeszcze mi trudniej było odpowiedzieć, gdy w Episkopacie z ust niektórych księży biskupów słyszałem często pytania o statut Rodziny Radia Maryja. Stawałem wówczas przed dylematem, jak można zamknąć to w statucie. Bo Rodzina Radia Maryja nie ma żadnej rady nadzorczej, nie ma żadnych liderów, żadnych skarbników, żadnych egzekwujących cokolwiek. To tak jak w rodzinie, gdzie wszyscy czują odpowiedzialność, chociaż jest ojciec i matka. A tu jest jeszcze coś innego. Nas łączy Chrystus i łączy Kościół. Ludzie to wreszcie zrozumieli i zaczęli mówić swoim głosem. Zaczęli zatem prowadzić dialog, bo w rodzinie prowadzi się dialog. O ile rodzinę spaja jeden duch i jedno serce… Tu, w Rodzinie Radia Maryja, dostrzegam prawdziwie to, co czytam w Dziejach Apostolskich: „Jeden duch i jedno serce ożywiały wszystkich wierzących" (Dz 4, 32). To bycie razem to coś więcej niż tylko fakt przyjścia do kościoła, pomodlenia się w nim. To „więcej" to przeżyć wspólnotę, komunię, to wspaniałe „razem". Tak odbieram Kościół. Zawsze tak go odbierałem. Dlatego teraz tak cieszę się z tego przeżywania Kościoła: tej łączności wertykalnej z Panem Bogiem, ale i horyzontalnej, z wszystkimi wokół. Czy można się nie cieszyć, gdy ludzie prawdziwie podają sobie ręce?

Jeden duch i jedno serce. Skąd to się bierze? Jedzie się do Gdańska, Szczecina, Krakowa, Zielonej Góry, Rzeszowa, Szczecina, czy jak Ojciec powiada, gdziekolwiek indziej i spotyka się Rodzinę Radia Maryja i jest ta sama formacja. Jak to się dzieje, że taka sama formacja jest udziałem tylu ludzi?

Myślę, że to jest trochę inaczej, myśmy nie zaczęli czegoś nowego, to jest kontynuacja tego, z czego sami wyrośliśmy. A myśmy wyrośli z wiary katolickiej.

Jesteśmy katolikami. Polska jest kształtowana przez Kościół, przez Chrystusa obecnego w Kościele. Nasza Ojczyzna jest już tak formowana przez ponad tysiąc lat, że Kościół zrósł się z narodem, a naród z Kościołem. W Radiu Maryja to słychać. I ludzie widzą, że mimo tego magla, jaki urządzają nam media liberalne, które wnoszą zupełnie coś innego, chcąc zmienić świadomość ludzi, chcąc wyrwać z serc Boga, wyrwać miłość do Polski, do naszej kultury i naszego narodu, jest w nas wciąż to ziarno, które rozwijało się w nas od ponad tysiąca lat. I dziś dostrzegamy, co tak naprawdę Polskę stanowi: wiara, miłość do Boga, Kościoła i do Ojczyzny. I my się bardzo mocno tego trzymamy. I stąd ten nasz wspólny duch, to wspólne myślenie. Radio Maryja tylko pomaga wyrazić to, co już jest – powtórzę to raz jeszcze – od przeszło tysiąclecia w naszych sercach. Radio Maryja nie proponuje niczego nowego, po prostu nie odcięło się od korzeni. Jest w nim ciągłość i to jest to. Myślę, że byłaby to straszna niewierność, gdybyśmy jako naród poszli za jakimiś nowinkami, za tym, co nam obce wiatry niosą, obce Panu Bogu, Kościołowi i Ojczyźnie. Jesteśmy jak trawa, która trzyma tę ziemię, i nie możemy dać się wyrwać, bo ta ziemia – Polska – póżniej żadnych owoców nie wyda.

Trudno się z Ojcem nie zgodzić. To też ukazuje, że wszystkie obawy, jakoby Radio Maryja kształtowało ludzi w kierunku „katolicyzmu zaściankowego" czy „katolicyzmu zamkniętego", są pozbawione sensu. Czy nie jest tak, że Radio dało impuls do ujawnienia się tego polskiego tradycyjnego katolicyzmu, wiernego Kościołowi i katechizmowi, i nieco go tylko doszlifowało?

Ja bym ujął to tak: my niczego nie doszlifowujemy, tylko prowadzimy katechezę. Od samego początku w Radiu jest przecież katecheza. Jeszcze nie było nowego Katechizmu Kościoła Katolickiego w języku polskim, a my tłumaczyliśmy go z języka włoskiego, z niemieckiego, prowadząc katechezę właśnie według niego. Wiara rodzi się ze słuchania, przypomina to św. Paweł (por. Rz 10, 17). Ale niech każdy zapyta siebie samego, czy jego wiara nie rodziła się w ten właśnie sposób? Czy nie była to jakaś katechizmowa wiedza o Panu Bogu? O Maryi? O tym, że to Ona najszybciej poprowadzi nas do Syna?

Od samego początku, od wczesnego dzieciństwa uderzyło mnie to, że pierwszym kościołem na polskich ziemiach, tak wtedy słyszałem, był kościół wielkości 3 na 4 metry w Gnieźnie i to był kościół pod wezwaniem Wniebowzięcia Najświętszej Maryi Panny. Tak mi to utkwiło. I pamiętam z tego okresu jeszcze jedno: gdy wyobrażam sobie krzyż, Jezusa Chrystusa, to obok byli zawsze: Maryja i umiłowany uczeń. Tak samo było w Polsce. Pierwszy krzyż postawili nasi przodkowie, a przy nim zaraz Maryja i ten umiłowany uczeń, czyli my. Tak, to my mamy być tym umiłowanym uczniem. To dlatego wszystko było i jest takie proste. Przynajmniej dla tych, którzy po prostu, jak Maryja i Jan, umiłowali... Tak żeśmy przez wieki wzrastali, a już szczytem tego wzrastania był sługa Boży kardynał Stefan Wyszyński – niezwykły świadek w niezwy-

kle trudnych czasach, mąż stanu. Byli też i inni nie-
złomni świadkowie jak: arcybiskup Ignacy Tokarczuk
czy arcybiskup Kazimierz Majdański. Kiedy ci ludzie
podtrzymywali naród na duchu, byłem jeszcze dzieckiem. I choć nie rozumiałem kardynała Wyszyńskiego, chciałem go zobaczyć. Stało się to na Jasnej Górze. Pamiętam to jak dziś. Zobaczyłem go z daleka.
Padał ulewny deszcz, a ja stałem na placu. I słyszałem,
jak mówił, pamiętam nawet, co mówił. Byłem wprost
zauroczony… Co za wspaniała postać! A później,
w ostatnim roku prymasostwa kardynała Wyszyńskiego, mogłem być u niego, słyszałem go. To był trudny
czas walki o krzyże. Pracowałem wtedy w Szczecinku.
Powiedziałem kiedyś w związku z taką sytuacją do
młodzieży: „Zawsze się możecie odwołać do swojego
biskupa, do Prymasa, jeżeli was gdzieś tu prześladują wrogowie Kościoła, zawsze możecie się odwołać".
Bo ci młodzi i pełni wiary ludzie powiesili krzyż
w szkole średniej. Powiesili ich wiele. W całej szkole…
Ta sytuacja była niczym wielkie misje. Prowadził je
w tych ludziach Duch Święty. Potem były represje, stąd
pomysł, by pojechać do Księdza Prymasa. I wtedy odbyło się to wspaniałe spotkanie. Do dzisiaj je pamiętam. Podobne ślady zostawiało każde takie spotkanie
z Prymasem Tysiąclecia. Każde z nim spotkanie umac-
niało… Myśmy czekali na słowo Prymasa jak na słowo Chrystusa. Byłem przekonany, że to Chrystus mówi przez Prymasa…

Dlaczego tyle o tym mówię? Bo chciałbym, byśmy
w Radiu Maryja kontynuowali to wszystko, co nam Kościół przekazuje. Kościół był bardzo mocny narodem.

I wtedy był silny. I naród był silny tak długo, jak byli razem. My więc nic nowego nie mówimy, gdy przypominamy, by kochać Pana Boga i kochać ludzi. Wtedy też najlepiej służymy ludziom. To jest takie zwykłe, proste. To jest takie logiczne. Kapłan jest z ludzi wzięty, dla ludzi ustanowiony w sprawach odnoszących się do Boga. Z ludzi więc jestem i dla ludzi i chcę dla nich tego, co najlepsze – chcę pokazać im drogę do Ojca... Tę pionową w górę, w niebo. To jest jednak możliwe poprzez krzyż, który tworzymy razem, ci ludzie i ja, trzymając się za ręce i ciągnąc się w kierunku Jego domu... Trzymam za ręce tych ludzi, patrzę w niebo i ciągnę ich tam...

Kiedy mówiłem o dodatkowym szlifowaniu, to miałem na myśli to, że Radio dodaje jakby wiedzy i argumentów ludziom do tego, co już mają, i dodaje im siły. Diament jest wartościowym kamieniem, ale oszlifowany diament – brylant już jest drogocenny.

Co my dodajemy? My niczego nie dodajemy. My, myślę tu o sobie i o najbliższych współpracownikach Radia, zawsze mieliśmy od samego początku taką ideę, żeby w Radiu przy mikrofonie byli świadkowie. Kompetentni w danej dziedzinie, ale świadkowie. Zmartwychwstały Chrystus do uczniów powiedział przecież: „(...) będziecie moimi świadkami (...) aż po krańce ziemi" (por. Dz 1, 8). I właśnie ważne jest to świadectwo. Przychodzą ludzie, bardzo kompetentni, są specjalistami w swojej dziedzinie, ale równocześnie są to ludzie wierzący. Oni wierzą. Jeden może jest bardziej święty, inny może mniej. Bóg wie, co jest w sercu człowieka, jaki człowiek jest, ale to oni wszyscy są świadkami. U nas w Radiu nie ma zasady, żeby był jakiś pluralizm, żeby przed mikrofonem mogli pojawiać się wszyscy... Byłby to taki komercyjny bigos, który jest czasem tak przygotowywany, że wrzuca się doń wszystko, co zostało: i to, co zepsute, i to, co niezepsute, świeże... Może to zły przykład, ale my uważamy, że w Radiu muszą być świadkowie, ludzie kompetentni, ludzie wiary, ludzie wierzący w Pana Boga, a w każdym razie szukający prawdy i służący prawdzie. I to dlatego może się wydawać, że my coś dodajemy. Nie dodajemy, a odczytujemy ciągle te odwieczne Boże prawdy i przekazujemy je tak, jak je Kościół odczytuje.

> Prosiłbym, żeby to Ojciec jeszcze bardziej wyjaśnił, coś do tego dopowiedział, gdyż wielu tego nie rozumie. Są nawet i tacy, którzy uważają, iż Radio nie tyle łączy, ile dzieli...

Jeżeli ktoś nie rozumie Radia Maryja, to pewno dlatego, że jeszcze go w ogóle nie poznał. I pewnie powtarza opinie o Radiu za niechętnymi nam mediami liberalnymi. I to jest pierwszy błąd. Żeby bowiem kogoś lub coś poznać, to trzeba iść do źródeł. Trzeba włączyć to radio, trzeba go posłuchać. I to nie pół godziny, 15 minut... Ale choć tydzień, żeby chociaż trochę wyrobić sobie zdanie. Swoje zdanie. Każdy inny sposób poznania Radia przypomina metodę poznania prawdy z plotek. A przecież prawdy z plotek nie poznamy. I wydaje mi się, że tu zlokalizowane jest to nieporozumienie, to powtarzanie za mediami liberalnymi kłamliwych i krytycznych opinii o nas. Produkują takie opinie tzw. pozorne autorytety, wykreowane przez te manipulujące media. Ot, takie błędne koło. Radziłbym wziąć zatem każdemu książkę księdza biskupa Adama Lepy o manipulacji w mediach. Pięknie pokazuje, jaka jest siła manipulacji, jak manipuluje się poszczególnymi osobami. Na czym polega mała manipulacja, na czym duża całym narodem lub jeszcze większymi społecznościami. Innymi słowy, jeśli ktoś chce prawdy o naszym Radiu, niech go słucha. Niech przypatrzy się ludziom, którzy posługują w tym Radiu. Oni są inni. Są bardziej otwarci na wszystko. Więcej przez to rozumieją. Widzą też to, że chcą nas zaszufladkować w komodzie ze starociami, z fundamentalizmem. Myślę z bólem, że to celowy plan…

Ojciec mówi o tych, którzy nie znają Radia Maryja, ale czy wśród tych, co je znają, nie ma takich, co je negują? Są przecież i tacy, którzy im bardziej to Radio znają, tym bardziej są mu przeciwni. I czy przypadkiem nie jest tak, że coś się stało z wieloma Polakami i coś się stało niedobrego w Kościele polskim. Czy nie jest tak, że dla wielu ludzi w Polsce to, co polskie, jest albo niezrozumiałe, albo wprost wstrętne? Czy nie dlatego są takie reakcje na to Radio, które uczy, co to patriotyzm dzisiaj? Ja nie mówię tu o reakcjach ideowych wrogów, ale mówię o reakcjach ludzi, którzy słuchają Radia Maryja czy też próbują go słuchać. Byłem kiedyś w Wałczu i przyszła do mnie pewna kobieta i powiedziała, że skoro przyjechałem z Instytutu Edukacji Narodowej, to byłoby dobrze, bym powiedział „tym z Radia Maryja, że nie można tak mówić, tak się modlić, bo to ludzi odstrasza"... Takich ludzi jest bardzo dużo. Co Ojciec na to?

Dużo, czyli ilu? Pięciu, dziesięciu? Ilu? To też jest jakieś kolejne nieporozumienie, jakaś próba manipulowania rzeczywistością... Wracając do tych, którzy przeciwni są nutom patriotycznym w Radiu: może oni przestali być Polakami? Kim zatem będą? Francuzami, od razu? Właśnie, kim? Nie wiadomo, ale wiadomo, że są niezakorzenieni. Nad tym pracowano lata i spowodowała to też druga wojna światowa. Przecież mieliśmy przed nią tylko 20 lat niepodległości. Wcześniej byliśmy podzieleni i w niewoli przez ponad 100 lat. Naciski zaborców, a po wojnie ten ateistyczny totalitaryzm, dokonały niewyobrażalnego moralnego spustoszenia. I, niestety, teraz trzeba pokazywać powoli, co to jest Polska, co to jest Kościół, kto to jest Chrystus. A są i tacy, którzy preferują katolicyzm wybiórczy. Jeszcze nie są prawdziwymi chrześcijanami, a już nimi przestali być... To chrześcijaństwo w rodzaju: „róbta co chceta", wyznające zasadę: „biorę to, bo to przyjemne, odrzucam zaś to, bo to wymagające...". Problem. Bo w Kościele trzeba przyjąć całą naukę Chrystusa. Choć i w Kościele są tacy, którzy sprzeciwiają się tej nauce. Tak było zawsze w historii Kościoła.

Takie jest jednak od początku zadanie apostołów, żeby ciągle głosić Chrystusa w porę i nie w porę. „Jeżeli Mnie prześladowali – mówi Chrystus – to i was będą prześladować" (J 15, 20). Mimo tego – mówi św. Paweł – „biada mi, gdybym nie głosił Ewangelii" (1 Kor 9, 16). Biada mi. To mówili nie tylko apostołowie, mówi Jan Paweł II i myślę, że każdy z nas powinien pamiętać o tej Pawłowej przestrodze i jasno głosić naukę Kościoła. Choć nie wszyscy będą tak mówili i nie wszyscy pójdą z nami. Nie wszyscy jednak szli za Chrystusem. Podobnie jak z Ewangelią, jest i z polskością. Ja jestem Polakiem i całe to dziedzictwo, któremu na imię Polska, mam przekazywać następnym pokoleniom. Nie znaczy, że robię to w sposób doskonały, że nie popełniam błędów. Stąd jest też na antenie Radia dialog. Ciągły dialog, żeby się ubogacić. Jest więc rozmowa na argumenty: rozumu, wiary, woli i miłości. Tak długo, jak ten dialog trwa, tak długo jest szansa na spotkanie. A to już jest to budowanie mostów, czemu służą *Rozmowy niedokończone.*

Rozdział XIII

Ewangelia wrosła w Polskę

Ojcze, jak to jest z naszą polskością i katolicyzmem? Dlaczego fakt, że jesteśmy i Polakami, i katolikami nie przekłada się na nasze polityczne wybory? Dlaczego wybieramy ludzi, którzy nie potrafią uszanować tego, co Polskę stanowi? Dlaczego wśród nas tak wielu zagubionych i Polaków, i katolików?

Po pierwsze, powiedziałbym, że nasze czasy wymagają większego pogłębienia naszej wiary, a jeżeli wiary, to i miłości do Ojczyzny. Po prostu obecny czas to okres pogłębionych decyzji. Stajemy często wobec wielu propozycji, towarzyszą im dylematy: co wybierać, jak żyć, jak odczytać sens życia. Wielu ludzi nie zastanawia się nad tym ostatnim, tylko używają życia. Prawda jest więc taka, że ludzie są różni. Wszystkich trzeba jednak pogłębiać. I tu potrzebna jest katecheza, czyli orędzie Ewangelii. Po drugie, naszą wadą narodową chyba jest to, co Prymas Wyszyński mówił, że Polacy, katolicy nawet chętnie chodzą na pielgrzymki, będą się modlić, ale nie przyjmują w pełni Chrystusa w swoim życiu. Nie żyją Nim. Nie przyjmują Go jako Mistrza, jako Nauczyciela, jako Przewodnika. Jest w nas taki rozdźwięk, taka schizofrenia. Polacy są gotowi jechać do jakiegoś sanktuarium, popłakać się w nim, pośpiewać, wzruszyć, ale nie są gotowi, aby żyć Chrystusem. Dlatego trzeba wszystko robić, by ten katolicyzm pogłębiać, a temu służy katecheza. Myślę jednak, że u nas jest mimo wszystko lepiej niż gdzie indziej. Gdy patrzę na Niemcy, to odnoszę wrażenie, że tam zaniedbano katechezę. I widzimy rezultaty – pustoszejące kościoły i coraz mniejsze wymagania wobec wiernych, żeby tylko zechcieli przychodzić… To nie pomaga, ludzie bowiem i tak odchodzą. Najpierw od wiary w rzeczywistą obecność Pana Jezusa w Najświętszym Sakramencie, w Eucharystii, potem odchodzą od spowiedzi indywidualnej, potem od całej nauki Kościoła. To rodzi lekceważenie Ojca Świętego, odchodzenie od celibatu, aż w końcu wali się wszystko…

Naukę Chrystusa trzeba przyjąć z całym jej radykalizmem i taka musi być też katecheza. Na pewnym etapie katechezę oddano w Niemczech w ręce ludzi, którzy byli wychowani na rewolucji marcowej 1968 roku, kiedy na uniwersytetach szaleli socjaliści. Oni, wraz ze swymi poglądami dalekimi od Ewangelii Chrystusowej, weszli później nawet do katolickich przedszkoli, do sal, w których miała być katecheza. Księży było bowiem mało. Tak zaczął się proces spłycania katechezy i rozbijania Kościoła od środka. To jest metoda nasonerii: powolne wchodzenie i w seminaria, i w teologię, i wszędzie. Dlatego nie wolno godzić się na takie rozwadnianie. Ma być tak, jak mówił Chrystus: „Mowa wasza niech będzie: Tak, tak; nie, nie. A co nadto jest, od złego pochodzi" (Mt 5, 37). „(…) Ani jedna jota, ani jedna kreska nie zmieni się w Prawie, aż się wszystko spełni. Ktokolwiek więc zniósłby jedno z tych przykazań, choćby najmniejszych i uczyłby tak ludzi, ten będzie najmniejszy w Królestwie niebieskim. A kto je wypełnia i uczy wypełniać, ten będzie wielki w Królestwie niebieskim" (Mt 5, 18n).

198

Wierność Chrystusowi, wierność nauce Kościoła w szczegółach. W takim klimacie wyrastają wielcy święci. Zawsze tak było. Przypatrzmy się tylko niektórym: św. Franciszkowi, św. Dominikowi, św. Katarzynie Sieneńskiej. Wielcy święci są jak znaki, za którymi podążają inni. Wtedy zaś są wielcy, gdy są wierni Chrystusowi. Jesteśmy wielcy wielkością Chrystusa, o ile pozwolimy Bogu przebóstwić siebie.

A teraz co do Ojczyzny, co do sprawy głosowań. Te ostatnie wybory, to był dramat, będący konsekwencją informacji albo raczej dezinformacji, tego potężnego oddziaływania mediów, które są w rękach liberałów, libertynów chcących zmienić mentalność i zniszczyć dusze. To prawdziwie diabelska robota. Najpierw zdobyć media, a potem przez nie sączyć truciznę… Za tymi często pięknymi obrazami kryła się nieprawda, a w lżejszym przypadku półprawda, czyli też całe kłamstwo… Człowiek sam nawet nie wie, kiedy połyka tę truciznę. To jest dezinformacja. Jak wirus niszczy ciało, tak ona deformuje umysł… Zobaczmy: dobra formacja formuje go, a dezinformacja – deformuje. Mamy tego rezultaty: ludzie idący do kościoła idą tam nierzadko z porywu serca, ale często bez chęci pogłębiania świadomości. To duży procent. Potem ci ludzie wychodzą z kościoła, idą i głosują na bezbożników. To zaś jest już dowodem rozdarcia duchowego…

Był czas, że naród poczuł się siłą. Stało się to po roku 1978, kiedy na stolicę Piotrową wybrano Karola Wojtyłę, polskiego biskupa i kardynała. Rok później Ojciec Święty przyjechał do Polski. A potem był pamiętny sierpień 1980 roku i „Solidarność", po tym okresie noc stanu wojennego. Ale był z nami Jan Paweł II… I rok 1989. Rok wielkiej szansy, ale wtedy do tej naszej lokomotywy wsiedli tacy, którzy pociąg z napisem „Polska" po prostu uprowadzili. Oszukali naród. Natychmiast wzięli się za media, bo chcieli panować nad umysłami, nad duszami ludzkimi. Zawłaszczyli najpierw media, później banki. Po co media i pieniądze? Żeby mieć władzę, a władza po co? Żeby mieć pieniądze. Jak teraz wyrwać się z tego zamkniętego koła? Czas, jak niegdyś, zacząć nam pracę od podstaw. Każdy, kto to rozumie, musi wszędzie, gdzie się da, przemieniać ludzi i ich środowisko. Ale zacząć musi od siebie. Od najbliższych. Od rodziny. Byśmy już nigdy nie wybierali bezbożników, tych, którzy są przeciwko Bogu i przeciwko narodowi, którzy są za zabijaniem nie narodzonych, za rozkradaniem całego majątku narodowego, za zniszczeniem naszego dziedzictwa, za eutanazją. Nie wybierajmy tych – powiedziałbym obrazowo, którzy przestawili zwrotnicę z Moskwy na Brukselę. Ci ludzie nie odkryli prawdy, oni jej nie służą. Nie dajmy się zwieść… Ufajmy. Pan Bóg jest z nami. Pan Bóg nam podpowiada, co robić. Daje nam Ducha Świętego, daje nam Kościół, daje nam naukę Kościoła. Dlatego powinno się iść radykalnie. Nie może być takich postaw: „jestem katolikiem, ale…". Bądźmy takimi chrześcijanami, jak chce Chrystus. Jeszcze jedno: nie dziwmy się wtedy, że świat będzie nas nienawidził. Mówi o tym Ewangelista Jan (por. J 15, 18-27)… Nie ma ucznia nad Mistrza, a my mamy kochać, nawet gdy inni nas prześladują… Do końca i zawsze mamy być uczniami Chrystusa.

W Radiu Maryja jest – co tak pięknie ujmuje Ojciec – pewna szczególna nuta. Bo oto na antenie tego Radia mówi się nie tylko o wierności Chrystusowi i wierności Kościołowi, ale i o wierności Polsce? Dlaczego?

Myślę, że trzeba się uczyć ciągle i Kościoła, i miłości do Pana Boga, ale i miłości do Ojczyzny. Myślę, że jeżeli Kościół jest katolicki, to wszędzie jest taki sam. Zawsze więc w Kościele, również w Niemczech, czuję się jak w swojej ojczyźnie. Gdy stoję przy ołtarzu, jestem w ojczyźnie. We Włoszech czy w Ameryce czuję się jak w ojczyźnie, bo jestem w Kościele, jestem przed Chrystusem i ci zgromadzeni ze mną jakiegokolwiek języka by używali, są ze mną jedno. Kościół to zatem moja ojczyzna. Oprócz tej ojczyzny, mam i drugą ojczyznę, w której się urodziłem, z którą od mych pierwszych chwil łączą mnie więzy kulturowe: język, tradycja, dziedzictwo przeszłych pokoleń. Bywa, że są w Kościele ruchy, które akcentują tylko tę ojczyznę niebieską, ale – tak myślę – nie można zapominać o tej ziemskiej, tak jak nie sposób zapomnieć o matce. Bez niej przecież nie da się żyć…

Istotnie. Bywa, że te nowe ruchy w Kościele nie akcentują „polskości", może dlatego, że większość z nich skądś do Polski przyszła. Choćby te popularne: neokatechumenat i Odnowa w Duchu Świętym.

Wszystko zależy od prowadzących formację w tych nowych wspólnotach w Kościele. Możemy powiedzieć, że Ewangelia też była niepolska, a wrosła w Polskę, i to tak bardzo, że Polska i Kościół to jeden organizm. W naszych żyłach płynie krew Chrystusa. I to od przeszło tysiąca lat. A poza tym człowiek, który będzie napełniony Chrystusem, będzie też wierny swej ziemskiej ojczyźnie. Chrystus kazał kochać swoją ojczyznę. Sam płakał nad Jerozolimą, nad ojczyzną ziemską. O tej miłości przypomina też przykazanie: „Czcij ojca swego i matkę swoją". Jeżeli więc ktoś odrywa się od ojczyzny, to jest to jakieś nieporozumienie, jakaś choroba. Określiłbym ją jako pewien rodzaj ślepoty. A nie może tak być, żeby ślepy ślepego prowadził, bo obaj w dół wpadną...

> Może dlatego tak się dzieje, że te ruchy są „ukorzenione" w innych kulturach narodowych. Stąd np. neokatechumenat, który przyszedł do nas z Hiszpanii, nie próbuje nawet asymilować tego, co było dotąd specyfiką polskiego Kościoła. Inaczej rzecz ma się z Radiem Maryja, które przecież z gruntu jest polskie.

Widzę tę kwestię z gruntu odmiennie. Radio Maryja powstało najpierw we Włoszech. Ja nawet o tym nie wiedziałem. Ta wiadomość dotarła do mnie później. Jest tu jakaś dziwna zbieżność. Dotycząca pomysłu na radio. Są oczywiste różnice, bo Radio Maryja we Włoszech jest radiem włoskim, a my jesteśmy Radiem Maryja w Polsce i jesteśmy radiem polskim. Jeżeli więc neokatechumenat przyszedł z Hiszpanii do Polski, to on nie tyle miał „przynieść" nam Hiszpanię, ile miał wnieść Ewangelię w polskie serca. Co to jednak praktycznie znaczy? Nic innego jak kochać Boga i bliźniego. Bo takie jest podstawowe orędzie Ewangelii. A bliźnim moim tu, w Polsce, jest ten Polak, który jest obok mnie. A skoro tak, to muszę też kochać i jego, a zarazem swoją matkę – czyli Polskę. Bo w przeciwnym razie nie zrozumiemy tego, któremu chcemy to orędzie Dobrej Nowiny nieść. Podobnie, gdy ktoś chce zanieść Ewangelię do Niemiec, to musi też kochać tych nowych bliźnich – Niemców. Nie znaczy, że nie ma kochać już wtedy Polaków. To byłby absurd, ale jeśli chcę siać ziarno Ewangelii na nowym gruncie, na nowej ziemi, to wraz z bliźnimi muszę też realizować to dobro wspólne ziemskie, któremu na imię ojczyzna. Większym od niej wspólnym dobrem jest świat. Jestem odpowiedzialny też za świat i dlatego pomagam tym ludziom w trzecim świecie. Stąd ze względu na bliźniego, ze względu na łączące nas to bliższe i dalsze dobro wspólne, chrześcijanin musi włączać się w politykę. Ewangelia ma przeniknąć wszystko, wszystkie dziedziny życia. Katolicy powinni wpływać na tych, którzy mogą gdzieś w świecie zaprowadzić pokój albo zapobiec wojnie, którzy mogą spowodować, żeby ludzie nie umierali z głodu. Takie działanie to płynąca z ducha Ewangelii „polityka", by w duchu miłości bliźniego wpływać na jednych ze względu na innych… To jest właśnie przenikanie i przemienianie oblicza ziemi, odnawianie jej. To jest praktyczne przyjęcie Ewangelii.

> Jednak Radio Maryja nie jest tylko katolickie, ale również polskie.

To konsekwencja. Ja jestem Polakiem i my, Polacy, to Radio tworzymy i niesiemy Ewangelię tu, w Polsce. To chyba normalne, że to radio jest katolickie i polskie. Wszyscy mamy być katolikami. Wszyscy i na różne sposoby. Kościół ma wiele różnych możliwości. Także w Polsce. I nie tylko Radio Maryja. W Polsce głosi się Ewangelię na przeróżne sposoby.

Ostatnio jeżdżę sporo po Polsce. Coraz częściej spotykam się z postawami i świeckich i księży, którzy chcą być katoliccy, a nie pamiętają o polskości. Wielu w takich postawach widzi zagrożenie dla tego, co jest Polską. Czy nie na tym też polega fenomen tego Radia, że tylu Polaków z nim się identyfikuje i tworzy Rodzinę Radia Maryja?

Ludzie do Radia Maryja przychodzą nie tylko ze względu na polskość i nie tylko ze względu na katolickość, tu odnajdują siebie, swoje potrzeby. Wielu identyfikuje się z nami z tej racji, że jesteśmy i katoliccy, i polscy, ale to Radio jest otwarte i może go słuchać każdy, każdy bowiem znajduje coś dla siebie, coś, co jest mu potrzebne w tym momencie. Ja bym nawet nie mówił wyłącznie o katolicyzmie, o polskości, bo może komuś potrzebne są np. porady siostry Leonilli albo porady psychologa czy pedagoga. A może porady ekologiczne albo lekarskie? A może audycja dla dzieci mu się podoba, a może uspokaja go muzyka klasyczna? Jak widać potrzeby każdego słuchacza mogą być różne, a my po prostu staramy się im sprostać.

Co do księży, że są mało polscy. Cóż, są tacy i tacy, tak samo jak całe nasze społeczeństwo. Ksiądz zaś jest z ludu wzięty. Powiem tak: jest bardzo dużo dobrych kapłanów, a ilu wśród nich jest dobrych Polaków! Jakby tak patrzeć na proporcje, to myślę, że księża jako grupa osiąga wysoki procent przywiązania do wartości narodowych. To są pozytywne skutki formacji w seminarium. Zdarzają się i kosmopolici. Sądzę, że takie oderwanie się od korzeni to skutek zachłyśnięcia się wolnością… Niejeden jeszcze się nie odnalazł w tym wszystkim. Musi się jednak odnaleźć i odnajdzie się, gdy zobaczy, że to ma sens. Kiedy jadę do Niemiec czy Ameryki, czy gdzieś indziej, to widzę, że tam nie ma mojej kultury, że tam czuję się jakoś obco. To po prostu nie jest mój dom. Mój dom jest nad Wisłą, nad Odrą i nad Bugiem. Tu jest mój dom, moja kultura. Obyśmy tylko tego nie zaprzepaścili. Manipulatorzy, ci inżynierowie świata, wiedzą o tym i śpieszą się bardzo. Korzystają, że jest pewne zamieszanie w tej chwili, śpieszą się, żeby to dziedzictwo, któremu na imię Polska, nam odebrać, żeby odebrać nam ziemię i wykorzenić nas. Myślę, że człowiek odcięty od korzeni nie jest silny. Silny jest tylko ten dobrze zakorzeniony i tylko on może coś dać całemu światu, również ubogacić świat, nie tylko swoją Ojczyznę. Nad tym też powinniśmy pracować. O tym nam mówi Ojciec Święty, często o tym przypomina. Gdy był w ONZ-cie, powiedział, że to właśnie kultura narodowa daje człowiekowi siłę. Wtedy, kiedy nie było nas na mapach świata, gdy chcieli nas wyrwać z korzeniami, to wtedy kultura pomogła nam przetrwać i zachować tego ducha. I to jest dowód na to, jak kultura jest ważna, jak ważny jest duch narodu. A tym ludziom czy tym księżom, którzy jakoś się zagubili, życzę szybkiego dojrzewania, żeby odkryli wartość tego wszystkiego, co zostało zgromadzone przez wieki na tych ziemiach i co jest dziedzictwem, które nosimy w sobie.

Rozdział XIV

Świat jest winnicą

> Jeden z papieży powiedział, że Akcja Katolicka to pewien front katolicki, który ujawniał się w Kościele zawsze wtedy, kiedy Kościół był szczególnie zagrożony z zewnątrz lub z wewnątrz. Inny papież określił program Akcji Katolickiej w trzech punktach: 1. Myśleć po katolicku, 2. Abyśmy byli jedno, 3. Budować Królestwo Chrystusowe na ziemi. A niedawno Jan Paweł II wezwał Polaków do tworzenia Akcji Katolickiej. Napisałem wtedy książkę pt. *Akcja Katolicka ostatnia szansa dla Polski*, gdzie przedstawiłem program Akcji Katolickiej zawarty w nauczaniu Kościoła. I w pewnym momencie sobie uświadomiłem, że środowiska skupione wokół Radia Maryja – Rodzina Radia Maryja – realizują ten właśnie program. Co Ojciec na to?

Każdy chrześcijanin ma realizować ten program. Pan Jezus powiedział do nas, do uczniów: „Idźcie na cały świat i głoście Ewangelię" (por. Mk 16, 15). I nie kto inny, jak Jan Paweł II mówi ciągle: „Nastał czas ludzi świeckich w Kościele". Przynajmniej 2/3 ludzkości nie słyszało o Chrystusie. Jakimi więc jesteśmy świadkami? Pan Jezus wyraźnie powiedział: „Idźcie na cały świat i głoście Ewangelię". Sobór Watykański II, nazywany nową Pięćdziesiątnicą Kościoła, wydał dekret o apostolstwie świeckich *Apostolicam actuositatem*. Widać tu niezwykłe działanie Ducha Świętego, i to wezwanie do wszystkich następców apostołów, wezwanie skierowane do ludzi świeckich, wezwanie do podjęcia apostolatu, głoszenia Ewangelii całym swoim życiem we wszystkich środowiskach, we wszystkich sytuacjach, żeby Ewangelia przeniknęła w końcu całego człowieka i cały świat. Zatem to nie tylko Akcja Katolicka. Choć jest jedną z możliwości poruszenia ludzi świeckich. Ale to wszyscy ludzie świeccy powinni dać się poruszyć Panu Bogu. Nie można nie odpowiadać na miłość, nie można być na nią obojętnym. Ojciec Święty chociażby w adhortacji *Christifideles laici* wyraźnie mówi, przypomina razem z ojcami synodalnymi polecenie Chrystusa: „Idźcie i wy do mojej winnicy" (por. Mt 20, 4). Winnicą jest świat. Radio Maryja jest zaś tylko jednym z elementów tego przenikania innych Chrystusem…

Kiedy pracowałem w Niemczech, pewnego dnia przyjechała do mnie jakaś nie znana mi wcześniej kobieta i chciała koniecznie ze mną rozmawiać. Nie miałem wiele czasu. Musiałem pojechać obejrzeć maszyny drukarskie. Zaproponowałem tej pani, aby pojechała ze mną. Pojedziemy razem, powiedziałem, odmówimy różaniec, porozmawiamy w trakcie jazdy. Pojechaliśmy do tego zakładu. Zobaczyłem to wszystko. Przepiękne. Nowoczesne. I tak sobie pomyślałem: „Panie Jezu, daj mi przynajmniej tę jedną maszynę. Daj mi możliwości, abym mógł kupić tę maszynę". Nie miałem wtedy żadnych pieniędzy. Wyszliśmy z tego zakładu, a ta Niemka wówczas powiedziała: „Proszę Ojca, Ojciec chce kupić tę maszynę, ale skąd Ojciec weźmie tyle pieniędzy, ona kosztuje ponad 20 tysięcy marek". Ja jej wtedy tak spontanicznie odpowiedziałem: „Przecież do Pana Bo-

ga wszystko należy, wierzy pani w to? Te wszystkie
banki też do Niego należą. Przecież 20 tysięcy marek
dla Pana Boga to niewiele i jak będzie chciał, to da".
Wtedy także pomyślałem sobie w duchu: „Panie Boże,
właściwie niemal wszystko służy złu, a nie Tobie, Twojej chwale, mimo że cały świat stworzyłeś i złożyłeś
człowiekowi pod jego stopy. Cały świat powinien Ciebie chwalić i wszystko Tobie powinno służyć, służąc jednocześnie człowiekowi". Tak, każdy człowiek powinien
służyć Bogu, nie tylko Akcja Katolicka, każdy człowiek,
jeżeli tylko przyjmie Ewangelię… My jesteśmy całkowicie dla Pana Boga i dla Jego chwały. My wszyscy. Re-
alizując różne cele ziemskie, pośrednie, mamy się rozwijać w kierunku nieba i sławić Pana Boga. Nie tylko
Akcja Katolicka i nie tylko Radio Maryja. Uważam, że
Radio Maryja to jest wielki dar, to jest swoisty fenomen,
ale to jest stanowczo za mało. Świadczy o tym choćby
fakt, że my wciąż jesteśmy opieszali, ospali, że zbyt mało modlimy się do Ducha Świętego. To jest taki – powiedziałbym – żółwi katolicyzm, który prowadzi do ni-
kąd… Do Chrystusa po prostu trzeba biec. I to jak
najszybciej! To nie jest takie biegnięcie do przodu, jak
chce Chrystus.

Mówiąc o Akcji Katolickiej, cały czas myślałem tylko i wyłącznie o realizacji pewnego konkretnego programu, a nie o organizacji jako takiej.

Kiedyś ksiądz biskup Jan Wiktor Nowak, już w tej
chwili świętej pamięci, gdy był jeszcze w Bydgoszczy,
mówił: „Tylko Akcja Katolicka. Tylko ona". Przecież Rodzina Radia Maryja jest praktycznie Akcją Katolicką.

To są ludzie już zaprawieni do działania i to są katolicy oddani Kościołowi. Kiedyś ktoś mnie zapytał: Co to jest ta Rodzina Radia Maryja?". „Ja właściwie nie wiem. Jest mi to zjawisko trudno zdefiniować. Ja je widzę, mogę ten ruch opisywać, ale definiować? Po co? Dla mnie Rodzina Radia Maryja to po prostu dar. A skoro to jest dar, to trzeba go przyjąć. Ten dar to żywi ludzie. To owce, jak byśmy powiedzieli językiem Ewangelii. I to jest ta właściwa akcja, czyli czynienie dobra, uczynki. „Po owocach ich poznacie" – mówi Pan. Po uczynkach.

> Jednym z elementów charakteryzujących Akcję Katolicką jest: myśleć po katolicku. Myśleć po katolicku nie oznacza tylko myśleć o Panu Bogu, ale umieć myśleć po katolicku o każdej sprawie: o państwie, o polityce, o gospodarce. Takiej jednak formacji w większości wspólnot kościelnych nie ma, bo są to zwykłe wspólnoty modlitewne albo wspólnoty odnowy. Czy to dobrze?

Stawać się nowym, tak jak po zimie przyroda na nowo budzi się do życia. Zobaczmy te nowe rośliny, jakie są piękne. Nowe! Wszystko czynić nowym. Nowy człowiek. Nowy to znaczy piękny! Wszystko, co nowe, jest piękne. Mówi się, że wszystko, co młode, jest piękne. Pan mówi, że to są tylko wspólnoty modlitewne. Sama modlitwa, jeśli zatrzymuje się tylko na modlitwie, jest złą modlitwą. Dobra modlitwa rodzi dobre owoce. Dobra modlitwa to obudzenie mojego serca do prawdziwego życia, to uleczenie mojego serca. Później niosę to życie innym i tu jestem bardzo aktywny. Nie sposób przecież nie cieszyć się z faktu odzyskania życia! Im lepsza jest modlitwa, tym potem większa aktywność. I sensowniejsza.

Wracając zaś do tych wspólnot: one dlatego są jakby uśpione, bo my sami wciąż tkwimy w tym letargu. My bowiem nie żyjemy Bogiem. Jesteśmy obok Niego, a mamy przecież iść przez ziemię i głosić Chrystusa, i to zmartwychwstałego, tak by wszystko było Nim przeniknięte… Spójrzmy na Maryję. Maryja poszła do Elżbiety, kiedy stała się matką Zbawiciela. Dowiedziała się, że porodzi Zbawiciela i natychmiast udała się do Elżbiety, bo Elżbieta Jej potrzebowała. I szła ponad sto kilometrów. Pieszo. Kawał drogi. Ile Ona musiała wówczas iść? Ta matka spodziewająca się Zbawiciela. I to w jakim skwarze! Przecież szła przez pustynię. Gorąco. A Ona poszła, by czynić dobrze. Czy Ona się nie modliła? Zapytałbym raczej, któż jak Ona potrafił się tak modlić? Tak więc szła i modliła się. Miłość zaś i ta modlitwa dodawały Jej skrzydeł, energii, żeby iść.

My mamy w tym być podobni do Maryi. My mamy nieść Jezusa, jak Maryja do Elżbiety. Przystępujemy do Komunii świętej. Jeżeli przyjmujemy Jezusa z otwartym sercem, to przynajmniej przez chwilę się zastanawiamy, adorujemy Go. Później też Go niesiemy innym. Niesiemy Go w sobie w każdej sytuacji. Dlatego jest nam potem o wiele łatwiej w trudnych nieraz sytuacjach, w starciach, z różnymi ludźmi, często bardzo trudnymi. Jeżeli wówczas potrafimy zachować się jak Maryja, to znaczy, że jesteśmy już uczniami Chrystusa…

Ojciec akcentuje w tej naszej rozmowie nawrócenie i ewangelizację. Ale ja myślę, że warto by tutaj podkreślić, że to, co niesie ze sobą Radio Maryja i co widać w Rodzinie Radia Maryja, to jest ten trzeci element programu Akcji Katolickiej – budowanie Królestwa Chrystusowego, czyli wejście w sprawy społeczne, sprawy narodowe, wszędzie. Bo Królestwo Chrystusowe nie jest ograniczone zakresem murów kościelnych, tylko ono jest właśnie wszędzie.

Powiem tak: charakter każdej grupy, również w Kościele, zależy w dużej mierze od ludzi, którzy ją tworzą. Różne grupy, czy to wspólnoty Odnowy w Duchu Świętym, czy wspólnoty z innych ruchów są nie tylko takie, jak chcieli założyciele, ale i takie, jacy są ich członkowie. To jest tak: wiele zależy od tego, jak oni pewne rzeczy rozumieją, jak przyjmują, jak są zdolni pewne rzeczy czynić czy nawet świadczyć. Akcja Katolicka jest bardzo dobra, bardzo potrzebna. Tylko, że różne są narzędzia, czyli ludzie, którym przychodzi spełniać określone role. Każdy, kto chce robić to, czego oczekuje Chrystus, musi pogłębiać w sobie coś, co nazwałbym świadomością chrześcijańską, tak by później to eksplodowało czynem! Tu tkwi tajemnica tego niesamowitego dynamizmu: otworzyć się na Chrystusa i pozwolić Mu działać! To droga do świętości. A dziś tak potrzeba nam wielu świętych. Każdy może nim być, niezależnie od tego, czy jest z zakonu kontemplacyjnego, czy jest świeckim, czy matką, czy ojcem, czy duchownym. Każdy, o ile się otworzy na to, czego pragnie Chrystus, Kościół, drugi człowiek…

Wczoraj rozmawiałem z kimś i ten ktoś mi powiedział, że Kościół to nie tylko modlitwa, ale i wspólnotowość. Uśmiechnąłem się nieco i odparłem: „Wspólnota… to nie jest proste bycie ze sobą. Wspólnota to nie klub wzajemnej adoracji. To adorowanie Boga… A jeżeli ktoś kocha Boga, to kocha każdego człowieka, to potrafi trzymać wspólnotę, bo pociąga ludzi do siebie. Ale nie po to, żeby zatrzymać na sobie, ale by doprowadzić ich do Boga…". Od tego, jak my przyjmiemy Boga, wszystko zależy. A Pan Bóg? On po prostu chce nas uleczyć.

Myślę, że często spotyka się takie grupy, że owszem, ci ludzie modlą się, ale nie wychodzą do ludzi. Do tych będących na zewnątrz. To znaczy, że jeszcze nie dorośli. Tacy ludzie, takie wspólnoty najpierw muszą dorosnąć do tego, by wyjść ze swoich skorupek, ze swoich lęków przeróżnych, zapatrzenia w siebie, własnego *ego*. Jeśli przez dwadzieścia lat nie dorośli, to może po trzydziestu dorosną. Pan Bóg daje zawsze szansę… Może jacyś dojrzali liderzy się pojawią i pokażą drogę. I o to też trzeba się modlić. Tak samo, jak się modlimy o przywódców państw.

Rozdział XV

Za dobry uczynek trzeba być ukaranym

> Były różne ataki na Ojca i próby jakiegoś upokorze-
> nia. Były też różne ataki na Radio: i medialne,
> i niemedialne. Często są też utrudnienia, jakie doty-
> kają Radia. Które z tych wszystkich wydarzeń Ojciec
> uważa za najbardziej bolesne?

Właściwie to nie ma czegoś takiego, co bym szczególnie pamiętał. Mogę tylko powiedzieć, że na początku, gdy zaczynałem z Radiem, to myślałem, że
wszystko jest zrozumiałe i będzie poparcie dla tej inicjatywy. Bo to jest oczywiste, że będzie ono ze strony dobrych Polaków, ze strony katolików, że będzie
temu towarzyszyć działanie na rzecz Radia. Nie wiedziałem, że spotkam taki opór, nawet przeszkody czy
próbę zniszczenia tego dzieła od początku. Nie przy-
puszczałem nigdy, ale jakoś tak się stało. Na początku było to zaskakujące, może nawet przykre… Jak to?
To od swoich dostaję? Spodziewałem się, że będzie
aprobata, pomoc, że będzie dobre słowo, a tu akurat
wszystko było odwrotnie.

Teraz widzę to inaczej. Jeden z księży biskupów or-
dynariuszy nawet mi napisał: „Niech się Ojciec niczym
nie przejmuje, Radio Maryja robi zbyt wiele dobrego,
żeby nie było atakowane". Znam takie powiedzenie, że
„za dobry uczynek trzeba być ukaranym", a jeżeli jesteśmy ukarani trzy razy za ten dobry uczynek, to był
on prawdziwie dobry. Na jakiej zasadzie? Szatan sprze-
ciwia się dobru. On nie jest zadowolony, jeżeli jest do-

bro, jeżeli sprawy Boże rosną. Dlatego nie mam niechęci do nikogo. Nieraz ludzie nie wiedzą, co robią.
Może kiedyś, gdy się zastanowią, to mogą się nawet
wstydzić tego, że tak myśleli. Może wówczas czegoś
nie wiedzieli, może nie rozumieli. Naszym zadaniem
jest informować, naszym zadaniem jest siać dobro i się
nie dziwić. Ja mam jeszcze takie powiedzenie: „dziwi
się tylko dziwak". Myślę, że trzeba mieć pewien dy-
stans do wszystkiego, na wszystko też z pewnym spokojem trzeba patrzeć. Jeżeli jest sprawa Boża – to ona
zwycięży. Bo tak naprawdę to każde dobre dzieło Bóg
prowadzi. A jeżeli zaś sprawa nie jest Boża, jeżeli Pan
Bóg czegoś nie zbuduje, to szkoda się wysilać, i tak nic
nie zbudujemy. On ma budować. My z Nim tylko
współpracujemy. Tak więc jestem spokojny. Różne były ataki, ale po tych atakach, co było bardzo cenne,
przychodziła modlitwa słuchaczy Radia Maryja, jakieś
podtrzymywanie na duchu. I przychodziła ta postawa,
ta miłość, to zaangażowanie w sprawy ewangelizacji,
w sprawy odzyskiwania człowieka dla prawdy. To bardzo dużo mi dawało, bardzo dużo. Te wszystkie jakieś
zachęty, rozmowy, które mnie pogłębiały, także rozmowy z wieloma biskupami, pasterzami Kościoła. To były często rozmowy w cztery oczy. Bardzo dużo to daje. Tu się rodzi jeszcze coś więcej, rodzi się przyjaźń.
Te Boże sprawy budują człowieka wewnętrznie, budują też więzy między ludźmi. Poza tym najwięcej dawa-
ły mi spotkania z Ojcem Świętym. One akurat przyszły
wtedy, kiedy było najtrudniej. Pan Bóg zawsze daje
rozwiązanie i posyła swoje rozwiązania, swoją moc
wtedy, kiedy jest trudno. Myślę, że to były też te spo-

tkania, które właściwie były dla mnie jakimś niezwykłym darem. Jestem szczęśliwy z tego powodu, że te rzeczy były. Poza tym towarzyszyła mi i towarzyszy życzliwość Ojca Generała i ojców, w dużej mierze Zgromadzenia, życzliwość wielu księży, sióstr zakonnych, wielu świeckich.

Ojciec mówi, że biskupi dawali ojcu siłę, ale chyba nie można przemilczeć tego, że i ze strony niektórych biskupów spotkały Ojca też przykrości?

Wszyscy jesteśmy ludźmi i każdy reaguje, tak jak reaguje. Trudno jest mi oceniać reakcję pewnych ludzi. Ja nie wiem, jak ja bym zareagował na taką sytuację czy podobną. Może bardzo źle. Wiem, że czasami reagowałem na różne sprawy niewłaściwie. Potem się tego wstydziłem. Gdy patrzę wstecz, to widzę, że dużo błędów popełniłem. My popełniamy błędy na tym świecie. Z kolei nie wiem, jaką kto miał informację. Dlaczego tak reagował? Inną sprawą jest mój odbiór tego, czego ja bym się spodziewał. Ale ja się spodziewam według mojego osądu, mojego stanu wiedzy, a nie stanu wiedzy tego kogoś, kto reaguje. Myślę, że potrzeba tu zawsze dialogu, potrzeba rozmawiać ze sobą i tym ostatecznym argumentem mają być Boże sprawy. Sprawy Pana Boga i sprawy człowieka. Tego trzeba zawsze szukać… Tak się doskonalimy. Tak idziemy coraz dalej. Tak w końcu Pan Bóg nas prowadzi, wychowuje na tej drodze…

W sumie liczy się ten ostateczny wynik, jak coś się buduje. Jak ziarno wyrasta, ono musi się przebijać przez ziemię. Jak kiełkuje jakaś roślina, ona musi się przebijać przez ziemię. Ten wzrost to jest pewien wysiłek. Tak samo tutaj, coś rośnie. Towarzyszy więc temu ścieranie się pewnych spojrzeń, poglądów, informacji. Wokół nas są różni ludzie, którzy mają różne informacje. Być może chcą realizować jakieś swoje interesy. A my możemy nawet niechcący poddać się tym informacjom, tym manipulacjom... Dlatego trzeba szukać tych nici porozumienia i zrozumienia i iść dalej, aż do odnalezienia całej prawdy, aż do życia prawdą. Prawda daje tę wolność w jedności. Trudno jest mi powiedzieć tutaj cokolwiek więcej. Nie ukrywam, że na początku to mnie zaskakiwało. Nie rozumiałem, ale zawsze pytałem się, gdzie jest prawda? Czy nie błądzę? Co jest? Myślę też, że bardzo te sprawy wyolbrzymiali ci, którzy są właścicielami mediów. Szukali takiej sensacji, a może nawet szukali możliwości, żeby dzielić nas, żeby przeciwstawiać sobie. A to nie jest dobre. Tak sobie kiedyś pomyślałem: to jest praktyczna realizacja zasady *Divide et impera* („Dziel, a potem rządź"). Tę zasadę źli stosują od zawsze. Trzeba zatem spokojnie to przeczekać.

Kiedyś te zarzuty dotyczyły w znacznej mierze *Rozmów niedokończonych,* przede wszystkim głosów słuchaczy, jakby Ojciec odpowiadał za to, co mówią ludzie. A teraz, ostatnio, pojawia się coś, co mnie zdumiewa. Pojawiają się pod adresem Radia i Ojca słowa krytyki związane z kwestią Unii Europejskiej. Mówi się, że Ojciec miesza się w politykę. Czy występowanie przeciwko Unii Europejskiej musi być działaniem politycznym? W takim razie optowanie za Unią nie jest też postępowaniem politycznym? Nikt nie może przecież powiedzieć, że Unia w perspektywie wiary jest jakimś dobrem. Nic nie rozumiem. Może Ojciec mi tutaj coś wyjaśni.

Ja też nie rozumiem wielu rzeczy. I ta sprawa – pęd do Unii, bo tak to mogę nazwać, ta propaganda na korzyść Unii budzi mocne podejrzenia. O co tu chodzi? Jeżeli jest dobro, to dobra nie musi się narzucać. Dobro nie wchodzi z butami w serce drugiego człowieka. Dobro nie przymusza. A tu jest przymus. Propaganda. Nowoczesne metody zniewalania. Tu nie ma żadnego dialogu. A poza tym to nie jest dogmatem wiary. Chrystus nie mówił nam nigdy o Unii Europejskiej ani o globalizmie. Nie mówił, żeby to tworzyć. Chrystus mówił: „Ojcze, spraw, aby byli jedno, jak Ty we Mnie, a Ja w Tobie. Spraw, aby oni tak jedno stanowili" (por. J 17, 20-26). Mówił to w modlitwie, tuż przed pójściem do Ogrodu Oliwnego. To jest dla mnie istotne. Chrystus tak się modlił, modlił się o jedność, ale o jaką jedność? „Spraw, aby stanowili jedno tak, jak Ty we Mnie, a Ja w Tobie" – czyli to jest modlitwa o miłość. Chrystus mówi nam o miłości bliźniego. Pierwsze przykazanie największe to przykazanie dotyczące miłości Boga. Drugie przykazanie to przykazanie miłości bliźniego. I chodzi o taką jedność. Jedność w posłudze miłości, w dawaniu siebie drugiemu człowiekowi. Tak budowana jedność to nie jedność zbudowana na zasadzie podporządkowania się silniejszemu, bogatemu… Taka jedność to neokolonializm. I jeśli nawet niektórzy duchowni na ten temat się wypowiadają, agitując za Unią Europejską, to niczego to nie zmienia, nie zmienia to faktów. Ci ludzie mogą mieć swoje poglądy polityczne, ale te poglądy nie zobowiązują mnie w porządku wiary religijnej. Mam swój rozum, mam sumienie i wiem jedno, że pierwsza ma być miłość. I gdybym się zgadzał na taką Unię Europejską, to zgadzałbym się na coś, co jest przeciwne wierze i moralności chrześcijańskiej. Ja nie chcę iść do takiej Unii. Ja nie będę popierał takiej Unii, w której nie ma Boga, nie ma miejsca na Boga, w której Kościół jest właściwie skansenem, w której przykazania Boże się odrzuca…

Chociażby przykazanie: „Nie zabijaj". Zabijanie nie narodzonych, zabijanie ludzi niewygodnych, starych, zabijanie ukryte pod przeróżnymi nazwami, takimi, których wielu ludzi nie rozumie. Pięknie to czasem brzmi, wydaje się przecież, że jeśli coś jest ładnie opakowane, to jest dobre, a w tym opakowaniu – jakże często – jest trucizna. Nie mogę na to iść. Jestem człowiekiem, jestem Polakiem, jestem katolikiem, jestem księdzem i za to odpowiadam. Ja jestem za integracją na fundamencie miłości, według prawa miłości Boga i bliźniego. Wypowiadam się przeciwko panowaniu jednego nad drugim i wyrzucaniu Boga z życia człowieka. Jeżeli Bóg jest wyrzucony, to wyrzucony jest szacunek dla człowieka i wyrzucony jest człowiek.

A co do *Rozmów niedokończonych.* Było dużo tych ataków. Teraz jest mniej. Też się dziwiłem temu bardzo, bo to się mówiło dużo o dialogu, o demokracji, pełno podobnych haseł, ale równocześnie kneblowanie ust ludziom. Przypominało mi to czasy stalinowskie, czasy komunistyczne, w których za słowo ludzie byli zamykani, byli prześladowani, więzieni, zabijani. Wtedy ukrywało się prawdę, niszczyło prawdę. Tak samo tutaj. Dlaczego nie może być dialogu? Rozmawiajmy na argumenty. Przecież ludzie mają prawo rozmawiać, a media mają być środkami społecznego komunikowania. W tej komunikacji ma zwyciężyć siła argumentu, argumentu miłości, rozumu, wiary, dobra, szczęścia. To ma zwyciężyć, argument prawdy, a nie ten, kto silniejszy, kto ma władzę, kto może stosować przemoc… Taki właśnie jest totalitaryzm. Dlatego raz jeszcze powtórzę: ze szczerego dialogu wyrasta dopiero prawdziwy dialog miłości, który może doprowadzić do całej prawdy, do szczęścia, do wolności. Trzeba więc podchodzić z całym szacunkiem do wszystkich ludzi. To, że ludzie przemawiali nieraz emocjonalnie czy jakoś tak nieumiejętnie, to co z tego? Przecież też mają prawo artykułować swoje poglądy. W rodzinie wszyscy się liczą, a my jesteśmy jedną rodziną, jednym narodem, jesteśmy Kościołem. I nie rozumiałem tych ataków. Tym bardziej, że myśmy w tych dialogach, w tych rozmowach nie namawiali do czegoś złego. Odwrotnie. Jeszcze jedno. Jeżeli ludzie ze sobą nie rozmawiają, to jest bardzo źle, bo nie mogą się ze sobą spotkać. Jeżeli ze sobą rozmawiają, to mogą spotkać się ze sobą.

Myślę więc, że nie chodziło tu tylko o te *Rozmowy niedokończone*. Myślę, że chodziło i chodzi o to, że w Radiu Maryja stanowczo opowiadamy się za Panem Bogiem. To jest jasna katecheza według nauki Kościoła katolickiego, to jest modlitwa bezpośrednia i myślę, że to o to chodzi… Tu raczej chodzi o te sprawy, bo tym, którzy Boga nienawidzą i chcą świat urządzić bez Niego, to po prostu przeszkadza. Można powiedzieć,

że tu chodzi o masonerię, pewne antypolskie i antykatolickie centrale. Oni są silni, mają długie ręce, mają pieniądze, są zorganizowani, są dobrze zorganizowani i manipulują ludźmi.

> Jak Ojciec znosił i znosi te ataki medialne i to, co
> później one rodziły. Bo to były ataki w prasie, radiu
> i telewizji. Ataki pozbawione jakichkolwiek mery-
> torycznych argumentów, tylko po prostu brutalne,
> wulgarne, sofistyczne. Ostatnio na przykład, nie
> wiem, czy Ojcu o tym mówiono, atak na Ojca i Ra-
> dio Maryja miał miejsce na festiwalu w Opolu.

Na początku, jak powiedziałem, było to smutne. Teraz, zrobiło mi się przykro, gdy mi pan powiedział
o tym Opolu, no cóż, niepoważni są ci ludzie. Tyle mogę powiedzieć. Może chodzi o to: kłamcie, kłamcie,
a zawsze coś zostanie… To jakieś echo tego, co mówił
Lenin, a później Goebbels: „Plujcie, plujcie, a zawsze
coś przyschnie". Nie próbuję zrozumieć tajemnicy zła.
Nie chcę. Nie chcę o tym myśleć, bo bym zgorzkniał.
Mówię wtedy: „Alleluja i do przodu!" Wiem, co chcę
robić, wiem, że jest dużo pomówień. Właściwie to
wszystko nadaje się do sądu. Ale też niestety wiem, że
szkoda czasu na te procesy, jakkolwiek powinno się
szukać prawdy, ale trudno ją znaleźć w naszej rzeczywistości. Przynajmniej tak długo, jak długo nie będzie
ludzi sumienia. Widzimy, jaka jest korupcja, jakie
straszne rzeczy dzieją się i nie ma na to lekarstwa. Komuś więc zależy na „uśmierceniu" nas. Widocznie ten
głos prawdy, głos Radia Maryja przeszkadza. Ja wiem,
że stanę kiedyś przed Panem Bogiem… Wiem też, że

On jest Sędzią i nikomu nie życzę, żeby musiał wypłacać się na tym sądzie. Raczej teraz trzeba zastanowić się i czynić dobrze. Jeżeli nawet są ludzie niewierzący w Pana Boga, to i wierzący, i niewierzący mamy razem coś do zrobienia, chociażby dla dobra człowieka w Ojczyźnie, w świecie. I razem możemy pochylić się nad człowiekiem. A nie można wzajemnie się niszczyć i nic dobrego nie robić. Trzeba wspólnie budować.

Jeden z liderów polskiej masonerii napisał taki sztandarowy artykuł pt. *Masoneria i Kościół*, który zresztą obszernie omówiłem w swojej książce *Radio Maryja – droga do źródła prowadzi pod prąd*. I on tam powiedział taką znamienną rzecz, że w Kościele katolickim w Polsce są jastrzębie i gołębie. Masoneria z gołębiami sobie poradzi, z gołębiami się dogada, ale dopóki będą w Kościele jastrzębie, to nie ma szansy, aby z Polski zrobić masoński kraj. Głównym jastrzębiem, który stoi masonerii na drodze do realizacji celu, jest, jak było napisane w tym artykule, Ojciec Tadeusz Rydzyk. I jakby to Ojciec skomentował? Toż to swego rodzaju komplement.

Tak też to odbieram, jako komplement. Tylko ja wcale nie jestem taki święty. To mnie tylko zobowiązuje do tego, żebym był lepszy. I żebym jeszcze bardziej zaufał Panu Bogu i Matce Najświętszej i pracował nad sobą, pracował z łaską Bożą. To tylko to. Ale zapytałbym się, czy tym ludziom chodzi o dobro człowieka? Jeżeli im chodzi o dobro człowieka, to czyńmy wszyscy razem to dobro i nawzajem siebie nie niszczmy. Tylko tyle mogę powiedzieć.

Polska jest krajem od ponad tysiąca lat związanym z Chrystusem, jest królestwem Maryi. Matka Najświętsza jest naszą szczególną Królową i oby to się realizowało w codziennej indywidualnej i społecznej praktyce. Myślę – zabrzmi to paradoksalnie – że Matka Najświętsza jest również Matką masonów. Ona też chce ich przygarnąć do swego Serca i pewnie przytula. Żeby tylko ci ludzie nie uciekali od tego Serca, żeby wsłuchali się w to Serce, przytulili. Te wszystkie serca niech wreszcie odtają, niech będą po prostu ludzkie.

> Ten mason pisząc to, stwierdził tym samym, że Ojciec jest najbardziej niebezpiecznym człowiekiem dla masonerii w Polsce, tym samym też powiedział, że Ojciec jest najniebezpieczniejszym człowiekiem dla szatana. Masoneria, to jak mówi Kościół, sekta będąca pomocnikiem szatana na ziemi.

Ja chodzę do spowiedzi, tyle powiem. Modlę się, aby szatan nie miał nade mną władzy i proszę o modlitwę innych. Siłą naszą jest Pan Bóg, jest Maryja.

> Kiedyś napisałem pewien artykuł o Radiu Maryja w „Naszym Dzienniku" i po tym artykule napisał do mnie z Australii człowiek, który przedstawił się jako mason. Jego list został wydrukowany w „Naszym Dzienniku". W tym liście napisał, że dla niego, jako masona, jest dwóch najniebezpieczniejszych ludzi: „ten Starzec z Watykanu" i ten – już nie powtórzę epitetów – „Rydzyk z Polski".

No, cóż mogę powiedzieć. To jest jakieś nieporozumienie.

Ale z tego wynika, że reprezentanci zła tak Ojca odbierają.

Ja nic nadzwyczajnego nie robię. Uważam, że bardzo mało robię. Chciałbym dużo więcej, ale więcej to my wszyscy możemy razem. Wszyscy razem możemy, kiedy posłuchamy Ducha Świętego. Jak uwierzymy w Pana Boga do końca. Jak będziemy twardo po ziemi chodzić. I o ile będziemy razem. To jest tak jak w tej pieśni: *Abyśmy byli jedno.* „Jedno" przez Chrystusa i z Chrystusem, tak, by podać sobie ręce, by mieć jedno serce i jednego ducha. Wtedy wszyscy będą się czuli dobrze. Chrześcijanie nie zagrażają nikomu, co najwyżej są jakąś gwarancją szczęścia, pokoju już tu na ziemi i tych rozwiązań dalekosiężnych, wiecznych.

Było też kilka zamachów na Ojca. Próbowano Ojca zabić. Czy mógłby Ojciec o tym opowiedzieć, jakoś to skomentować?

Właściwie to też nie ma o czym mówić. Co było, to było. Pierwsze to były przeróżne pogróżki. W różny sposób dochodziły do mnie. A później były jakieś działania, ale też nie chciałbym o tym mówić. Myślę, że lepiej po prostu o tym nie myśleć.

Ale jeden zamach był taki sam jak zamach na księdza Popiełuszkę. Rzut kamieniem w przednią szybę samochodu.

Tak, ale kamień trafił w tylne koło samochodu. Widziałem lecący kamień, widziałem też człowieka, ale nic się nie stało.

Były też prowokacje ze strony policji. Raz pod Radiem Maryja w nocy, prawda? Można powiedzieć, że osaczyli Ojca.

O tym też już praktycznie zapomniałem. Pan mi przypomina. Dla mnie to było zaskoczenie. Właściwie to myślałem, że jestem w wolnym kraju. Kazali mi wysiąść z samochodu, chcieli, żebym coś tam podpisał. To wszystko byłoby zrozumiałe, ale nie mogę zrozumieć tego, że specjalnie dla mnie przyjechało wiele samochodów, grozili, krzyczeli, obrzucali mnie przekleństwami. Krzyczeli, że jeżeli dotknę tylko kierownicy, to będą strzelać. Zastanawiałem się, gdzie ja jestem. Tyle samochodów przyjechało, a ja byłem w habicie. Było pięć samochodów osobowych policyjnych i nysa na jednego człowieka. Nie rozumiem. Tego nie rozumiałem wtedy i trudno zrozumieć mi i dziś. Spodziewałem się wtedy wszystkiego. Nie chciałbym opisywać szczegółów, ale zakończyło się tak, że teraz rozmawiam z panem. Jeszcze później, to było dość ciekawe, „Gazeta Wyborcza" wydrukowała w dodatkach w całej Polsce artykuł pt. *Ksiądz majową nocą*. Co tu mówić. Biedni ludzie. My mamy pracować, głosić Ewangelię, wszystko robić, aby współpracować z Panem Bogiem, aby odnowić oblicze ziemi. W takich sytuacjach widzi się dopiero, co się dzieje z naszą Ojczyzną. Wokół nas, niestety, wiele zła. Z bólem dotykam tego zła, jakiegoś demonicznego zła, tego, co w tej chwili z Polską się dzieje. Społeczeństwo – i to dodatkowa przyczyna trosk – nie wie, co się wokół dzieje, o co idzie gra. To smutne, ale to jest równocześnie wyzwaniem dla nas, byśmy nie byli obojętni. To obojętność powoduje rozzuchwalenie się zła. Obojętność tych niby dobrych.

No i może jeszcze jeden fakt z tych najważniejszych, bo przecież tych prowokacji, ataków, kłód rzucanych Ojcu w taki czy inny sposób pod nogi, było tyle, że można by o tym mówić całymi dniami. Chodzi mi o to wtargnięcie policji do klasztoru, żeby Ojca siłą doprowadzić do prokuratury.

Też mi pan przypomina. Ja staram się nie pamiętać tego wszystkiego, naprawdę. To było też zaskakujące. Ta cała sprawa z prokuraturą była jedną wielką prowokacją. Wszystko było sprzeczne z prawem. To było jakieś prawo dżungli. To jest tak zaskakujące, że wprost nieprawdopodobne. To się tak zaczęło, że przyszedł do mnie pewien dość ważny duchowny. To było w piątek wieczorem. Powiedział, żebym wsiadł do samochodu. Bo tu przyjedzie samochód. Komendant policji zgłosił gotowość zawiezienia mnie do prokuratury samochodem bez znaków policyjnych. Ja mówię: „Dobrze, ale ja nie mogę. Po co ksiądz przyszedł? Ja nie popełniłem żadnego przestępstwa. Mówię tylko – nie zabijaj, a cała sceneria została jakoś wymalowana przez kogoś. Ja dalej będę mówił: nie zabijaj, bo przykazania obowiązują i to jest mój obowiązek głosić to”. I wtedy właśnie powiedziałem, że nie. Nigdzie nie pójdę, chcę, żeby było wszystko zgodnie z prawem. Jeżeli mam iść, to muszę dostać wezwanie, normalne wezwanie. Wiadomo, jakie procedury obowiązują w Polsce. Na drugi dzień wyjechałem do Stanów Zjednoczonych na dużo wcześniej zaplanowane spotkania. Później dowiedziałem się, że w poniedziałek rano, wtedy, kiedy była w kościele Msza święta transmitowana przez Radio, trzech nieumundurowanych policjantów znalazło się pod moim pokojem w klasztorze. Jak oni weszli? Nie wiem. Było wtargnięcie, nadużycie. Wtargnęli na teren prywatny. Tak wchodzi tylko złodziej, tak wchodzi tylko bandyta. To było zaskakujące. Jeden z ojców szedł akurat po schodach, zobaczył to i mówi: „Co tu panowie robicie?" A oni: „Jesteśmy z policji, przyszliśmy po ojca Rydzyka" i pokazują jakiś dokument. On ich wyprosił. Później jeszcze inny z ojców po Mszy świętej poprosił ich, żeby przeszli do furty. Stamtąd poszli po mnie do Radia. Nie wiem, czy nie wiedzieli, że mnie nie ma w Polsce, a może chodziło o jakieś zamieszanie, żeby postraszyć. Nie wiem.

Jeszcze była sprawa, myślę, że tu warto ją poruszyć, wykrycia podsłuchu w Radiu Maryja. Jak to się stało, że udało się go wykryć?

Już nie pamiętam, jak żeśmy to wykryli. Chyba podczas remontu. W tej chwili można podsłuchiwać, można kontrolować człowieka, są doskonałe metody, ale myślę, że my zawsze mamy zachowywać się tak samo. Czy nas ktoś widzi, czy nie, czy nas ktoś podsłuchuje, czy nie. Zawsze mamy się zachowywać, jednakowo. Mieć swoją godność, godność dzieci Bożych.

Jak ktoś zakłada podsłuch, to znaczy, że sądzi, że tam, gdzie go założył, może być powiedziane coś szczególnie ważnego. To byłby jakiś dowód na to, jak bardzo różne złe siły, antykatolickie i antypolskie, boją się Radia Maryja i Ojca personalnie.

Ja nie wymyślam nic złego i nie mam żadnych złych zamiarów. To jest dla mnie dziwne i zaskakujące. W kraju ponoć wolnym, demokratycznym… takie historie.

Te wszystkie fakty, które przed chwilą omówiliśmy, to są fakty, które są znane publicznie. One powinny być jakimś wstrząsem dla całego Kościoła, bo to było przecież łamanie jakichś podstawowych praw, bo jak tak się złamie w jednym wypadku, nawet w małej sprawie, to się może powtórzyć w stosunku do każdego.

Czy Kościół jakoś ostro zareagował na te fakty, te prowokacje, łamanie prawa w stosunku do Ojca?

Na pewno wielu ludzi było ze mną, modlili się. Na pewno była zachęta dla mnie. Bardzo wielu ludzi było i jest ze mną. Czułem i czuję ich serca. Tyle powiem.

Robiono wszystko, aby Ojciec miał kłopoty przy rejestracji Radia, rejestracji częstotliwości, przedłużaniu i rozszerzaniu koncesji. Tysiące kłopotów, bieganiny, odwołań…

Znowu bym powiedział, że nie chcę o tym myśleć. Pomaga mi często zawołanie: „Alleluja i do przodu!". To myślenie, to oglądanie się wstecz wstrzymuje człowieka. Od tego człowiek może gorzknieć, o tym nie należy więc myśleć. Zostawiłem to Panu Bogu, ale to jest lekcja. Na pewno nie ma w naszej Ojczyźnie wolności. To jest względna wolność. A nawet – powiedziałbym – zaczyna się w Polsce totalitaryzm uprawiany w spo-

sób nowoczesny. Tu obowiązuje poprawność polityczna. Wszyscy według jednego schematu. Jak powie
„Gazeta Wyborcza" czy „Rzeczpospolita", „Wprost" czy
TVN. Tak należy. Nie wolno inaczej myśleć, nie wolno inaczej nawet marzyć, bo będziemy zmiażdżeni. Ale
nie trzeba się bać. Trzeba robić swoje, mieć swoje poglądy. Wtedy człowiek czuje się wolny. Nie jestem znie-
wolony, to jest po prostu piękne i nie wyobrażam sobie bycia niewolnikiem.

> Ojca spotykają też kłopoty ze strony władz miasta
> Torunia. Odmawianie sprzedaży ziemi i jakieś prze-
> dziwne uchwały zabraniające budowy na własnym
> terenie.

Mogę ewentualnie przypuszczać, kto tym steruje.
Chyba te same siły, jak w innych przypadkach. Powiedziałem, że gdybyśmy byli poprawni politycznie, gdybyśmy byli w tej samej orkiestrze i tak grali *unisono* razem z tymi decydentami, tymi magikami ideologii, to
byłoby wszystko dobrze. Obdarzyliby nas przywileja-
mi. Dostalibyśmy duże fundusze. Znam takie przypadki. One się powtarzają. Wówczas stalibyśmy się bardzo
mili, bardzo kochani. Tylko trzeba by wszystko pod dyk-
tando robić, trzeba by być poprawnym politycznie. To
jest jakaś nowa ideologia ten socliberalizm.

Rozdział XVI

Ona zwycięży

Czy Ojciec chce służyć tylko Polakom, czy to jest taki plan minimum, bo św. Maksymilian w pewnym momencie zaczął wydawać „Rycerza Niepokalanej" w innych językach i wychodzić na cały świat. A może Ojciec chce w przyszłości założyć radio dla wszystkich narodów?

Ja nie myślałem tylko o Polsce. To jest kwestia języka, kwestia ludzi. Najbliżej w zasięgu są Polacy, a przez Polaków można iść dalej, to Polacy pójdą do innych. Umocnieni, poniosą wiarę i Ewangelię dalej. Nie znaczy, że nie ma współpracy z innymi. To, co się tworzy, to nie tylko kontakty, ale jest jakaś więź i z Niemcami, i z Włochami, i ze Szwajcarami, z Austriakami i z Amerykanami. Właściwie to się poszerza. Jak to będzie? Trzeba zawsze widzieć, co Pan Bóg daje. To wszystko przygotowuje Pan Bóg. Trzeba po prostu tylko wziąć. I On tak samo przygotowuje ludzi w tych kontaktach ze światem. Nie chciałbym mówić o przyszłości, bo to jest w sferze marzeń, które mogą być zrealizowane. Dlatego o tym nie chciałbym mówić, bo lepiej, żeby były fakty, a nie moje wyobrażenia.

Jest taka książka Aldousa Huxleya, jednego z największych masonów pt. *Nowy wspaniały świat*. Teraz czytam ją po raz drugi i myślę, że jest niesamowita, bo ona pokazuje, jak powinien wyglądać świat według masonów i to jest świat bez rodzin, bez nor-

malnie poczętych dzieci... Dzieci są tam z probów-
ki, klonowane. Wszyscy podzieleni są na kasty, dzieci są własnością państwa, chowa się je w takich
przedszkolach, gdzie je się uczy, żeby nigdy nie kochały, żeby zawsze prowadziły życie seksualne bez
zahamowań i żeby nie czytały nigdy książek. Hux-
ley ma bardzo precyzyjną wizję przyszłości. Myślę,
że jest to wizja wszystkich masonów. Obok tej wizji pokazana jest wizja, jak wyglądałby świat, gdyby był normalny, gdyby były rodziny, gdyby była miłość, ojciec, matka... I taki świat według Huxleya
miałby nas cofać w kierunku barbarzyństwa. Książka kończy się taką myślą, że ten świat, który przed-
stawiają masoni, nie jest może taki najwspanialszy,
ale gdy go nie będzie, to świat będzie przypominał
jaskinię barbarzyńców. I teraz moje pytanie, jak Ojciec widzi przyszłość i jak rozumieć słowa Ojca, które Ojciec często powtarza, „że tak jak Pan Bóg będzie
chciał, tak będzie"?

To, co pan mówi o Huxleyu, to jest nie tylko nienormalne, ale po prostu diabelskie, to jest chore. Uchowaj Boże, od takich pomysłów, chociaż mieliśmy przeróżnych już ludzi w historii, przeróżnych psychopatów,
którzy dochodzili do wielkich możliwości, chociażby Hi-
tler, Stalin, Lenin. Od takiego świata uchowaj, Boże.
To jest szatańska wizja świata. Jeżeli ktoś nie wierzy
w istnienie szatana, niech popatrzy na jego owoce. Po
uczynkach ich poznacie.

A jaka przyszłość? Ja cały czas myślę tylko, co zrobić, żeby było lepiej i wiem, że można bardzo dużo zrobić, bo Pan Bóg żyje, Pan Bóg działa w świecie i Pan

Bóg chce przez ludzi dużo uczynić. Wszystko zależy tylko od naszego „tak" powiedzianego Panu Bogu, od naszej dobrej woli... Od tego skromnego powiedzenia „tak" jak Maryja. Ona nie widziała wszystkiego, nie wiedziała, jakie będą tego konsekwencje. A Ona tak pojęła te Boże sprawy i Bożą miłość, że Panu Bogu zupełnie się oddała... Oddała swoje ciało, swoją duszę, wszystko. Oto konsekwencje Jej „tak" – ukoronowanie na Królową nieba i ziemi, wzięcie do nieba z duszą i ciałem. I tak samo jest w naszym życiu. Mówić „tak" Panu Bogu, a On zrobi wszystko.

Trzeba iść za Panem Bogiem, trzeba mówić „tak". Wtedy będą i ogień wewnętrzny, i miłość, i równocześnie wielka radość, i także pewność, że za tym mówieniem „tak" Panu Bogu przyjdą wielkie sprawy.

Gdy patrzę na Polskę, w kontekście Unii Europejskiej, to boję się, że jest ona tragedią dla Polski. Dlaczego? Bo to nie jest unia w miłości, w prawdzie. W tej unii nie ma tego, co Jezus mówił w modlitwie arcykapłańskiej: „Ojcze, spraw, aby stanowili jedno, jak Ja w Tobie, a Ty we Mnie, aby i oni stanowili jedno" (J 17, 20-26). Gdyby było zatopienie się w Panu Bogu, w całej miłości, to byłoby piękne i do takiej jedności trzeba byłoby dążyć, ale to, co nam proponują, to bezrobocie, to chęć dominacji silniejszych nad słabszymi. To idzie w kierunku jakiegoś nieludzkiego świata, nienormalnego świata, w kierunku totalitaryzmu, przemocy. I widzę, co dzieje się z kulturą Polską, widzę, co stanie się z Kościołem... To będzie uderzenie w Kościół, żeby stał się skansenem, a nie miejscem, w którym żyje Jezus Chrystus, w którym działa i w którym przemienia świat. Tak więc tę przyszłość widzę, po ludzku mówiąc, bardzo czarno.

Z drugiej zaś strony, patrząc na to, co Pan Bóg czyni, jak chce się nami posłużyć i jak może się posłużyć, widzę przyszłość bardzo optymistycznie. Warunkiem jest nawrócenie człowieka. Nawrócenie to znaczy przyjęcie tej miłości, tej jedynej miłości, jaką jest Bóg... I nie myślę tu o jakimś takim cierpiętniczym pokutowaniu, męczeniu samego siebie, ale o przyjęciu miłości, myślę o otwarciu się na pełną prawdę, a więc i na wolność. W miłości, wolności, prawdzie zatem widzę tę naszą dobrą przyszłość. To będzie zwycięstwo Pana Boga, zwycięstwo Matki Najświętszej w naszej historii. Widzę tu niesamowitą miłość. Ona zwycięży. To jest jedyna nasza szansa. Pan Bóg przy tym posługuje się małymi ludźmi mimo naszej krótkowzroczności, mimo że nie widzimy tego, co nas czeka. On się nami posługuje i wykorzystuje te nasze małe kroczki, te nasze małe „tak", nawet bez silnej wiary naszej. I On z tego małego uczyni wiele, jak to widzimy w Magnificat Matki Najświętszej: „Wielbi dusza moja Pana (...) gdyż wielkie rzeczy uczynił mi Wszechmocny". Pan Bóg czyni wielkie rzeczy i w tym się objawia Jego miłość.

Wierzę, że zwycięży Jego miłość. I ufam, że udział w tym będzie miało i Radio Maryja. I wierzę również w to, że właśnie Polacy odegrają tu wielką rolę. To przekonanie nie wynika z jakiegoś nacjonalizmu, choć jestem Polakiem i kocham Polskę, mój naród, ale wynika to z tego, że Polacy bardzo kochają Matkę Najświętszą. To jest również wyraz miłości do Pana Boga i Matka Najświętsza posługuje się tą miłością. Ona nas nie zawiedzie. Matka nigdy nie zawodzi. To jest znowu wszystko normalne, logiczne i takie oczywiste.

Być może to, co się zbliża i wzbudza nasz pesymizm, co jest takie czarne, może pochłonie jeszcze wiele ofiar, może będzie nas jeszcze bardzo dużo kosztowało, ale widzę nadzieję. Tylko prawda może zwyciężyć. Widzimy, jak Pan Bóg działa. On ma czas i ma cierpliwość. W tej miłości nie przekreśla wolności. Pan Jezus nigdy nie mówi: „musisz". Umiera za nas i mówi na dodatek: „jeśli chcesz". Czeka na naszą decyzję, puka, żeby usłyszeć nasze „tak". Im szybciej powiemy „chcę", im szybciej zrozumiemy, im szybciej zdobędziemy ludzi, otworzymy ich umysły i serca przez naszą modlitwę i nasze działanie, naszą pracę, tym szybciej przyjdzie zwycięstwo.

Powinniśmy zatem spieszyć się, by powiedzieć „tak" Panu Bogu. Tu widzę sens istnienia Radia Maryja, sens działania Rodziny Radia Maryja, tych wszystkich ludzi, których spotykam… Marzę tylko o tym, aby oni „uchwycili", o co tu chodzi i żeby nie marnowali czasu. Każdy może wiele dobrego uczynić. Ludzie często w to nie wierzą. Myślą, że takiej mocy czynienia „dobra" nie mają. Wczoraj widziałem w kościele takich ludzi z bliska. Byli tacy rozpromienieni, ale równocześnie zauważyłem, że wielu z nich nie wierzyło w to, że to oni mogą zmienić oblicze tego świata, że to nimi Pan Bóg chce się posłużyć. Tak naprawdę to wszyscy powinni pomyśleć, że to o nich chodzi i nie czekać na wielkie rzeczy, na znaki z nieba albo na innych ludzi, by ci czynili to dobro za nich… Trzeba zacząć od siebie, a to będzie ten mały kamyk i on pociągnie lawinę. To jest bardzo ważne, żeby nikt z nas nie marnował tego Bożego natchnienia, bo wtedy blokujemy drogę Panu Bogu do wielkich zwycięstw, do tego, żeby stały się wielkie rzeczy.

Wystarczy więc powiedzieć Panu Bogu nasze „tak" i modlić się o ogień wewnętrzny, o dary Ducha Świętego. Jako dziecko nie rozumiałem, co to jest dar Ducha Świętego, ale pojąłem to dzięki swojej mamie, która mówiła: „Dziecko, czy ty się modlisz o dary Ducha Świętego?". Ja się przeraziłem, że znowu mi każą jakąś modlitwę mówić. Niektórych modlitw wcale nie rozumiałem, a trzeba było je mówić. I to mnie męczyło. A tu mama jeszcze pyta o dary Ducha Świętego. Widziałem w tym kolejną udrękę. Mama, widząc, iż wielu rzeczy nie rozumiem, powiedziała więc tylko: „Dziecko, jak już nie umiesz się modlić, czy boisz się długo modlić albo nie chce ci się długo modlić, bo nie wychodzi ci to, to przynajmniej odmów jedno *Chwała Ojcu* o dary Ducha Świętego. I tak się zaczęło. I to jest właśnie modlitwa o ten ogień, o dary Ducha Świętego.

Pan Bóg prowadzi nas przez Ducha Świętego. Maryja jest doskonałym przykładem i owocem tej współpracy z Duchem Świętym. Ja tu widzę pozytywnie. Gdybym patrzył tylko po ludzku na te fakty, na te zachowania ludzi, na zachowania polityków, na zachowania wielu tych, którzy powinni słuchać Pana Boga, to wygląda to tragicznie. Tragicznie wygląda ten cały globalizm. Wygląda na to, że czeka nas potworny totalitaryzm, gorszy chyba od poprzednich, gorszy od komunizmu. To jest coś strasznego. A jednak widzę, że tu zwycięży miłość i prawda, bo nie ma innego wyjścia. Inaczej świat nie będzie istniał. A nawet, gdyby czekało nas coś najtragiczniejszego na tym świecie, to przecież później czeka nas niebo. Trzeba tylko modlić się, żeby godnie przejść przez tę ziemię.

Dobro więc zwycięży, i to tu, na ziemi?
Widzę, jak dobro rośnie w tej chwili w Polsce, dużo dobra rośnie i widzę dobro w ludziach, widzę, jak to dobro jest gromadzone, jak ono się jednoczy w ludziach i jak ono rośnie. Ludzie widzą też zło, ale równocześnie widzą, jak to dobro się przebija, jak ono rośnie.

Po 1989 roku wiele osób się załamało, bo oni wierzyli, że przyjdzie Polska, która będzie wspaniała, piękna, wielka, sprawiedliwa, chrześcijańska. Właśnie, jaka powinna być ta Polska z marzeń Ojca?
Chrystusowa. Jeśli Chrystusowa, to i szczęśliwa. Wszystko ma być już tutaj, na ziemi. To sens najgłębszy tej Polski i Polaków. Trzeba zatem odkryć sens swojego życia. Ale Chrystusowa Polska to Chrystusowe państwo, Chrystusowa polityka, Chrystusowa gospodarka, Chrystusowa szkoła, Chrystusowa kultura. Chrystusowe państwo to nie jest żadne państwo wyznaniowe, którego inni mogliby się bać. To chyba logiczne, że jeżeli jesteśmy uczniami Chrystusa, to wszystko ma być przeniknięte Jego miłością. Gdy miłujemy Go do końca, jesteśmy szczęśliwi. Ta miłość daje szczęście, daje pokój, daje wszystko, co jest potrzebne człowiekowi. Tak jak nie można człowieka zrozumieć bez Chrystusa, tak samo również możemy powiedzieć, że bez Chrystusa nie ma pełnego szczęścia,

tylko w Bogu jest to szczęście. To, co św. Augustyn mówi, „Niespokojne jest serce człowieka, póki nie spocznie w Bogu". W takim znaczeniu człowiek to „wszystko" może mieć już teraz. Wystarczy... odkryć Boga. Dlatego wszystko ma być przeniknięte Bogiem, Jego miłością. Polityka też, bo polityka to przecież służba człowiekowi. A człowiek bez Boga to nieporozumienie.

Zakończenie

Coraz więcej ludzi jest dziś przerażonych. Przerażeni są tym, co dzieje się w Polsce, tym, że Polska przestaje być Polską, że ziemia polska jest zagrożona, że majątek narodowy już do Polski nie należy... Że coraz więcej Polaków myśli nie po polsku, że są demoralizowani każdego dnia, że ich dzieci są demoralizowane, że politycy nas zdradzili, że zdradzają nas elity. Że jest coraz bardziej powszechne to zcudzoziemczenie duszy. Ludzie są też przerażeni tym, że Polska wejdzie do Unii i to już będzie jakiś koniec, że tak źle to nigdy nie było. Ojciec pewnego dnia do mnie zadzwonił i powiedział, żebym się pojawił w *Rozmowach niedokończonych* i mówił na temat: „A jednak nadzieja". Doszedł wtedy Ojciec do wniosku, że brakuje ludziom nadziei, że tej nadziei potrzeba i że ona jest jakoś usprawiedliwiona. Co nas czeka jutro? Jakie będzie to jutro dla Polski, jutro dla polskiego Kościoła i gdzie mamy szukać nadziei?

Ja bym powiedział po pierwsze to, co Ojciec Święty często mówi, a Ojciec Święty widzi wiele. Przecież On ma spojrzenie lepsze niż ktokolwiek z nas, a On ciągle powtarza: „Nie lękajcie się, otwórzcie drzwi Chrystusowi. Nie lękajcie się. Chrystus mówi do nas: Nie lękajcie się. Jam zwyciężył świat". Widzę więc konieczność pogłębienia religijności, pogłębienia wiary, pogłębienia swojej świadomości. Jeżeli będzie świadomość właściwa, jeżeli będą prawe sumienia, jeżeli będzie wiara, to wszystkiemu damy radę. Pan Bóg z nami zwycięży.

Najgorzej to być kimś nijakim, kimś, kto płynie z prądem. Taki człowiek nigdy nie będzie szczęśliwy, ani z nim inni nie będą szczęśliwi. Do świadków mówi Pan Jezus: „Wy jesteście światłem świata, wy jesteście solą ziemi. Nie może się ukryć miasto położone na górze" (por. Mt 5, 13-14). Jesteśmy więc miastem na górze, światłem świata. Widzę to. By tak było, trzeba być z Panem Bogiem, z Panem Jezusem i równocześnie trzeba bardzo twardo iść po ziemi, czerpać z tego wszystkiego, co zostało dotąd wypracowane przez ludzi, a równocześnie dokładać coś od siebie do tego dobra… Powiedziałbym nawet tak: z jednej strony Pan Jezus, z drugiej Maryja, a ja w środku i do przodu.

Nie wiemy, co będzie. Pan Bóg jest Panem historii, Panem przyszłości i ja się nie boję. To smutne, co dzieje się, ale co będzie? Na pewno będzie Pan Bóg i na pewno będzie Maryja. Nowi ludzie, nowe czasy. Zobaczymy. Wszystko, tak naprawdę, od nas zależy. Niebezpieczna jest obojętność. To ona nam zagraża. Brak zaangażowania. Takie: „Ojej, nie, nie, nie. Przepraszam bardzo. Dziękuję bardzo"…

Wielu ludzi na pewno zapozna się bardzo uważnie z treścią tej naszej rozmowy. Przeczytają ją na pewno z wielką uwagą wszyscy wrogowie Ojca i Radia, przeczytają ją masoni, przeczytają ją dziennikarze z „Gazety Wyborczej", z innych gazet, przeczytają pracownicy telewizji. Oni zawsze takie książki uważnie czytają i analizują. Myślę, że warto w tym momence na zakończenie się do nich zwrócić. Co Ojciec by im chciał powiedzieć?

Życzę im Bożego błogosławieństwa. Jak będzie Boże błogosławieństwo, to wszystko będzie. Dużo radości, pokoju wewnętrznego.

Myśli Ojciec, że ci ludzie staną się mniej agresywni?

Agresywny jest człowiek poraniony. Gdy zwierzę jest poranione, gryzie. Podobnie zachowuje się człowiek. Dlatego, obyśmy to my mieli jak najwięcej ran. Chrystus leczy te rany, jeżeli się tylko Mu poddamy. Wystarczy powiedzieć: „Chcę, ulecz moje rany". Wystarczy, to im radzę, w całej prawdzie, powiedzieć przed Nim, przed Nim w swoim sercu, jakie są te rany, kto je zadał i dlaczego... „I jeżeli, Chryste, to jest prawda, że Ty leczysz, ulecz mnie..." Spróbujmy oddać Jemu te rany, całą przeszłość. Odpuśćmy innym i sami prośmy o przebaczenie. Żebyśmy się nie ranili. Rany to nic dobrego. My, ludzie, mamy być zdrowi, mamy być zdrowi duchowo. To przynosi pokój wewnętrzny. Tak zaczyna się radość, szczęście. Tego życzę wszystkim z całego serca. Myślę, że my, Polacy, jesteśmy bardzo poranieni, historia nas poraniła. Tyle jest różnych spraw historii, które nas poraniły. Niejednokrotnie poranieni jesteśmy przez naszych rodziców. Niejednokrotnie jesteśmy poranieni od pokoleń. To jest ten brak miłości i to jakoś powoduje, że jesteśmy niespokojni i może nawet agresywni. Szkoda, bo tylko się męczymy. Ma to konsekwencje w różnych chorobach, chorobach duszy, psychiki i ciała. Zaciera się nam też przez to perspektywa nieba.

O co zatem powinniśmy się najbardziej modlić, myśląc o Polsce, o Unii Europejskiej, o polskim Kościele, o Kościele w Europie, o Kościele na świecie, o narodzie polskim?

O to, o co moja mama się modliła. Ja często pytałem: „Mamo, o co ty się modlisz?" Ona odpowiadała: „Dzieci, o wiarę i o miłość dla was. Jak będziecie mieć to, to już będziecie mieć wszystko". Myślę, że to jest istotne: wiara i miłość. Tu jest rozwiązanie; wiara w Boga do końca i miłość do Niego. Jak będzie miłość do Niego, to każda miłość będzie prawdziwa.

Oświadczenia
w związku z atakiem
na Radio Maryja

wrzesień, 2002 roku

Radio Maryja jako jedyna rozgłośnia ma podpisaną umowę z Konferencją Episkopatu Polski

Ks. bp Antoni Dydycz, ordynariusz drohiczyński

Z ogromnym zainteresowaniem przeczytałem kilka artykułów, które pojawiły się ostatnio w prasie, dotyczących przede wszystkim decyzji JE Księdza Prymasa Józefa Glempa w sprawie organizacji struktur potrzebnych do promocji archidiecezjalnego Radia Józef. Przeczytałem także dekret Księdza Prymasa. Oczywiście, dekret promuje, do czego jak najbardziej ma prawo, radio archidiecezjalne.

Wiemy, że problem środków komunikacji społecznej w Polsce jest bardzo skomplikowany, i to z wielu powodów. Najpierw dlatego, że przez wiele dziesiątków lat nie mogliśmy mieć odpowiednio wykształconych prezenterów, dziennikarzy, którzy podchodziliby do rzeczywistości pod kątem pewnych wartości. Potem też nie było struktur, więc mamy w tej dziedzinie różnego rodzaju rzeczy do nadrobienia. W tym duchu też odbieram dekret Księdza Prymasa. Dlatego ze zdumieniem wyczytałem w wielu artykułach, że jest on uderzeniem w Radio Maryja. Trudno mówić o uderzeniu, ponieważ jego tam nie ma. Co więcej, ci, którzy rzekomo chcieliby bronić Księdza Prymasa, w rzeczywistości w tych artykułach wyraźnie go atakują. Aż przykro to czytać.

Dobrze będzie przypomnieć, że sytuacja środków społecznego przekazu jest w Polsce ciągle jakby w stanie rozwoju. Kodeks Prawa Kanonicznego mówi, że to właśnie konferencje Episkopatów poszczególnych krajów winny wydać normy dotyczące środków przekazu radiowego i telewizyjnego. A to z tego względu, że te środki nigdy nie będą się ograniczały do poszczególnych diecezji, będą zawsze sięgały poza granice. Nasza konferencja Episkopatu jeszcze nie opracowała tych zasad, właśnie dlatego, że nie mamy za wiele doświadczenia. Doświadczenia radiostacji diecezjalnych czy tworzonych przez poszczególne grupy, jak Plus i oczywiście Radio Maryja, są potrzebne, by można było opracować jakieś sensowne zasady. I to jest robione.

Natomiast w odniesieniu do Radia Maryja trzeba powiedzieć, że jest to jedyna rozgłośnia, która ma podpisaną umowę z Konferencją Episkopatu Polski, czyli w tej dziedzinie wyprzedza inne. Umowa została podpisana w październiku 1994 roku przez ówczesnego sekretarza generalnego Konferencji Episkopatu Polski. Tego, oczywiście, w artykułach nie ma i dlatego nastawienie jest jakieś takie pesymistyczne, bardzo bolesne i przykre.

Chciałoby się zapytać,
co właściwie zarzuca się Radiu Maryja
Zarzuca się Radiu Maryja, że ma bardzo rozbudowany serwis informacyjny, że znajduje słuchaczy, że nie tylko działa w Polsce, ale i poza granicami. Czyli inaczej mówiąc, że stara się wypełniać jak najdosko-

nalej, jak najpełniej, jak najlepiej swoją misję. Zarzuca się także Radiu Maryja i dyrektorowi ojcu Tadeuszowi Rydzykowi, że Radio Maryja ma zaplecze. Bo są i Młodzieżowe Koła Radia Maryja, Rodzina Radia Maryja, Podwórkowe Koła Różańcowe, że z Radiem współpracuje „Nasz Dziennik", że istnieje Wyższa Szkoła Kultury Medialnej i Społecznej w Toruniu, Fundacja Servire Veritati, Fundacja „Nasza Przyszłość", Fundacja Lux Veritati. Oczywiście, te wszystkie rzeczy nie mogą być traktowane jako zarzuty. Jeżeli myślimy o tym, żeby Radio mogło wypełniać swoją misję, być przekazem prawdy, uczestniczyć w ewangelizacji, to im więcej będzie podmiotów, które z nim współpracują, tym bardziej owocna będzie ta misja.

Nie można wreszcie w Polsce robić zarzutu, że komuś coś się udało. Rozumiem, że ci panowie, którzy to czynią, mają może żal, że im nie wszystko się udaje, że muszą korzystać z takich czy innych dotacji. A tymczasem w Radiu Maryja nie ma reklam, jest wyłącznie odwołanie się do Bożej Opatrzności. I okazuje się, że można coś stworzyć, odwołując się do dobrej woli naszych rodaków, i to właściwie tych najbiedniejszych.

Bardzo mnie zbulwersowało, że autorzy tych tekstów nie rozumieją natury Kościoła. To, że Ksiądz Prymas kiedyś napisał list do Prowincjała Ojców Redemptorystów, to przecież tylko jeden z przejawów, że Kościół jest szczery, kiedy mówi o potrzebie dialogu.

Wiadomo, że dialog nie odnosi się tylko do komplementów, ale dotyczy także i spraw, które trzeba rozwiązywać. Tym bardziej że zapomniano, iż jakiś czas temu również sam Ojciec Święty skierował list do redaktora naczelnego „Tygodnika Powszechnego", w którym przedstawił pewne propozycje czy sugestie o potrzebie zmiany. Jest to więc pewna tradycja w Kościele i nie ma się co dziwić, bo ona po prostu jest i daje o sobie znać.

W zarzutach stawianych w artykułach prasowych pojawiają się także pewne sprawy dotyczące jedności europejskiej czy konkretnie Unii Europejskiej

Wielu dziwi się, dlaczego Radio Maryja jako takie nie jest entuzjastą przystąpienia Polski do UE. Sądzę, że tu trzeba wyjaśnić kilka spraw. Pierwsza to ta, iż nie po to walczyliśmy przez wiele lat, żeby teraz znowu zawsze wszystko jednomyślnie i jednogłośnie przyjmować, zwłaszcza w dziedzinie społecznej czy gospodarczej. Jeżeli przyjmujemy demokrację, jeżeli akceptujemy wolność, nie możemy się dziwić, że ktoś ma inne podejście i że to wyraża. I wtedy nie dyskutujemy z podejściem, ale z argumentami, jakie są przeciw. Wiemy, że niektórzy Polacy mogą mieć pewne zastrzeżenia i obawy. Mówią sobie tak: 40 lat temu mówiono nam o historycznej roli RWPG i głoszono, że nie ma alternatywy dla Polski, jak tylko przyjaźń ze Związkiem Sowieckim. I wielu w to uwierzyło. Nie mieli zresztą możliwości poznania innej strony, więc nie można ich za to oskarżać. Natomiast teraz ci sami, którzy wtedy to głosili, mówią teraz o Zachodzie. Nic więc dziwnego, że Polacy zaczynają pytać sami siebie, o co tu chodzi? Mają prawo pytać. Nie trzeba się temu dziwić, przeciwnie – trzeba odpowiadać. Na argumenty odpowiadamy argumentami.

Co więcej, kiedy mówimy o Unii Europejskiej, to warto pamiętać o tym, co powiedział tydzień temu ksiądz prof. Andrzej Szostek, rektor KUL-u, na spotkaniu z rektorami wszystkich seminariów diecezjalnych i zakonnych w Polsce. Przypomniał, że nie można się spierać o to, czy Ojciec Święty jest za czy przeciw Unii Europejskiej, bo tej Unii, o której mówi Ojciec Święty, jeszcze nie ma. Tę Unię trzeba tworzyć. Dlatego każdy głos, który dotyczy Unii, powinien być brany szczerze pod uwagę. Głosy krytyczne są nieraz znacznie ważniejsze aniżeli głosy tzw. euroentuzjastów. Ku temu powinno zmierzać wychowanie społeczeństwa, aby w sposób świadomy i odpowiedzialny mogło się na coś zdecydować. Poza tym, jeżeli przyjmujemy demokrację, to dlaczego dziwimy się, że ktoś inaczej myśli od nas? Czy to nas upoważnia do tego, żebyśmy się posługiwali różnego rodzaju epitetami? To jest bardzo przykre...

Wiąże się to z bolesnym odnoszeniem się do naszych rodaków

Mam przed sobą jeden artykuł. Ciekawe, że wyszedł on spod pióra rzekomego obrońcy pokrzywdzonych. Autor pisze, że za Radiem Maryja, za Ojcem Dyrektorem idą tylko ludzie niewykształceni, prymitywni, łatwo popadający w różne odmiany nienawiści do wszystkich i do wszystkiego, co jest trudne do zrozumienia. Jest to bardzo przykre wyrażenie, bo dalej mowa jest o 15 procentach, czyli o kilku milionach ludzi, którzy słuchają Radia Maryja. Jest to policzek, który wymierza się tym milionom.

Kościół nie musi się wstydzić, że z nim są biedni, że z nim są bezrobotni, że z nim są ci, których się odrzuca, że z nim są ci, którzy nie umieją walczyć o własne miejsca, stołki, godności, że z nim są ci, którzy bardziej sobie cenią czystość sumienia, a nie pełne kieszenie. Kościół nie musi się tego wstydzić. Kiedy się przyglądamy dziejom Kościoła, widzimy, że właśnie ci ludzie biedni, niekiedy nawet w jakiejś mierze, po ludzku mówiąc, ograniczeni, są bardziej uczuleni na to, co jest uczciwe. Dlatego przy Kościele zawsze było dla nich miejsce. Zresztą, czy o tym trzeba mówić?

Po wizycie Ojca Świętego Jana Pawła II słuchaliśmy jego wystąpień, jego homilii, jego przesłań, a wszystkie one przecież odnosiły się do miłosierdzia Bożego. Ojciec Święty apelował o ludzką wrażliwość w odniesieniu do drugiego człowieka, wrażliwość płynącą z miłosierdzia. Dlatego nie można wyrażać się o swoich rodakach w sposób tak pogardliwy, ubliżający nawet godności człowieka. My w naszej historii też to widzimy. Po wojnie kto się opierał przemocy? Przede wszystkim wieś i robotnicy. To dopiero potem do strajków przyłączyła się inteligencja. I dobrze, że niektórzy się przyłączyli, myślę, że jedni szczerze, a inni, czując, że zmienia się wiatr, choć niekoniecznie byli przekonani do tego, o co walczono. Teraz zresztą dają dowody, że dla nich było to tylko kwestią koniunktury.

Kiedy mówimy o tych sprawach, chciałbym przytoczyć opinię Pawła Hertza zamieszczoną 15 maja 2001 roku na łamach „Życia". Nie podejrzewamy go przecież o to, że był przesadnie chłopomański czy robotniczomański. Paweł Hertz pisał tak: „Utarło się w kołach intelektualnych, że stosunek do ruchów katolicko-narodowych jest na ogół nieżyczliwy. I spotyka się to z wzajemnością. Te niechęci są mocno akcentowane. Myślę jednak, że bardzo lekkomyślny byłby intelektualista, który nie doceniłby znaczenia i wartości wszystkich nurtów chrześcijańskich i narodowych w kraju, gdzie uczucia narodowe od stu kilkudziesięciu lat są ranione, a katolicyzm tak organicznie związany z polskością. Można naturalnie być Polakiem niewierzącym czy innego wyznania niż rzymskokatolickie. Nikt przy zdrowych zmysłach nie wyłączy z narodu agnostyków czy ateistów. Z kolei jednak laicka lewica czy fundamentalni liberałowie nie powinni traktować inaczej myślącej większości z arogancką wyższością, szafować ciemnogrodem, odmawiać przeciwnikom wartości intelektualnych, spychać ich do stanu rozjuszenia czy daleko posuniętej radykalizacji, w którym zdarza się im zapomnieć o istocie kultury wiary, której bronią". Przytoczyłem ten nieco dłuższy cytat, dlatego że oddaje on rzeczywistość i jest dla nas ostrzeżeniem, że nie możemy się godzić na takie podejście do spraw dotyczących naszej Ojczyzny, Polaków, w którym dostrzegamy pogardę dla kogokolwiek. Albo cenimy naprawdę człowieka, albo go nie cenimy.

Myślę, że w tym duchu patrząc na to, co się teraz dzieje, wsłuchując się w te różne głosy, możemy ze spokojem do nich podejść. Tak jak wierzymy, że ataki sprzed dwudziestu, trzydziestu lat nie były w stanie osłabić Kościoła w naszej Ojczyźnie, naszej wiary, podobnie będzie i teraz. Należy pogratulować Radiu Maryja, że z takim spokojem, w duchu wielkiej otwartości przyjmuje to wszystko – zresztą nie ma powodu do jakiegoś niepokoju – i nadal stara się służyć jedności, opartej nie na interesach, przekupstwie czy korupcji, ale na pewnych wartościach, zasadach.

Dzisiaj wspominamy rocznicę zamachu 11 września z Nowego Jorku. Ten atak terrorystyczny wstrząsnął nami wszystkimi, ale także domaga się od nas, żebyśmy zmienili trochę nasze podejście w odniesieniu do tych, których nie zawsze rozumiemy. Dlatego też te agresywne artykuły, różnego rodzaju insynuacje, które się pojawiły, są rzeczywiście bardzo niepokojące. Niech ich autorzy to wszystko rozważą i niech wezmą pod uwagę także to, że przecież Radio Maryja służy najbardziej pokrzywdzonym, jest bliskie każdemu człowiekowi. To jest misja, która płynie również z tajemnicy Miłosierdzia Bożego.

„Nasz Dziennik" z 11 września 2002 r.

Ekscelencjo, gdzie szukać przyczyny tak silnego ataku liberalnych mediów na Radio Maryja? Dlaczego media polskojęzyczne chcą podzielić Kościół w Polsce?

Ks. bp Edward Frankowski, sufragan sandomierski

Nie sposób odpowiedzieć na to pytanie, nie przywołując na pamięć epokowego znaczenia ostatniej pielgrzymki Ojca Świętego Jana Pawła II do Krakowa, podczas której ogłosił światu orędzie o Bożym miło-sierdziu. Powiedział: „Nie może Kościół zaniedbać tej misji, skoro wzywa go sam Bóg przez świadectwo świętej siostry Faustyny". W słowie pożegnalnym Oj-ciec Święty wyraził przekonanie, że łagiewnickie sanktuarium będzie prawdziwą stolicą i prężnym ośrodkiem kultu Bożego miłosierdzia, a światła pa-dające z wieży łagiewnickiej świątyni będą rzucać du-chowy blask na całą Polskę od Tatr do Bałtyku, od Bu-gu do Odry i na cały świat. „Jezu, ufam Tobie" – modlił się Ojciec Święty. Nauczał nas, że Boże miło-sierdzie przyniesie ukojenie Polsce i wszystkim po-koleniom w nowym tysiącleciu na całym świecie.

Słuchając tych słów, przerazili się i zadrżeli w szo-ku nienawiści wszyscy, którzy są uwikłani w budo-wanie w świecie misterium nieprawości, czyli cywi-lizacji śmierci, którzy chcieliby, żeby Bóg był wielkim nieobecnym, a ludzie, żeby żyli tak, jakby Boga nie było. Lęk ogarnął tych, którzy dla propagowania mi-sterium nieprawości włożyli tak wiele czasu, wysił-ków, pieniędzy, potęgi władzy i potęgi mediów, aby wprowadzić ludzkość w nowym tysiącleciu w świat bez Boga. Przerazili się, że miłosierdzie Boże, które-go iskra idzie na cały świat z Polski, propagowana przez Papieża Jana Pawła II, może zwyciężyć w Pol-sce i w świecie, wlewając ukojenie i nadzieję w miej-sce lęku, pustki, cierpienia i unicestwienia, bo świat potrzebuje miłości, potrzebuje wyobraźni miłosier-dzia, aby budować cywilizację miłości. Świat może odkrywać coraz pełniej tajemnicę miłosierdzia Bo-żego i próbować nią żyć na co dzień – uczył Ojciec

Święty. Dlatego ataki na Radio Maryja trzeba widzieć w łączności z obrzydliwymi i wprost szatańskimi atakami na osobę Ojca Świętego, jakie są wyraźnie formułowane na łamach gazet „Fakty i Mity" oraz „Nie". W Polsce natychmiast po pielgrzymce papieskiej nasiliła się „hałaśliwa propaganda liberalizmu". Tym bardziej groźna, że ataki na Ojca Świętego rozpowszechnione w świecie będą sprawiały wrażenie, że są wiarygodne, bo pochodzą z Polski, podobnie jak Papież pochodzi z Polski. W jaki sposób będziemy mogli prostować tak obrzydliwe i złośliwe opinie wymierzone przeciwko Ojcu Świętemu, jeśli będą podchwycone przez media światowe? O złośliwości czasopism „Nie" i „Fakty i Mity" wiedzą Polacy, ale przeważnie nie dowiedzą się media zagraniczne, jeżeli będą propagować fałszywe wieści o Papieżu pochodzącym z Polski.

Ataki na Ojca Świętego są wymierzone w cały Kościół katolicki. Niszczenie autorytetu Ojca Świętego to policzek wymierzony każdemu chrześcijaninowi, każdemu katolikowi. Także ataki na Radio Maryja są precyzyjnie wymierzone w Kościół w Polsce. Na podstawie ataków na osobę Ojca Świętego możemy ocenić demonstrację siły mediów laickich i lewicowych w walce z całym Kościołem, aby zniweczyć wielkie jego perspektywy, jakie niesie mu orędzie Bożego miłosierdzia. Ataki na Radio Maryja i jego założyciela są próbą wyrąbania przepaści między katolikami w Polsce, są próbą podzielenia katolików w Polsce. To media dzielą katolików. Media laickie dążą do tego, aby nastąpił rozłam w narodzie i w Kościele

w Polsce. Nieprzypadkowo uderzają w Radio Maryja i w jego założyciela. Zarówno Ojciec Dyrektor, jak
i całe Radio Maryja wzywa naród do zjednoczenia
wszystkich prawych sił narodowych i chrześcijańskich w najbliższych wyborach samorządowych. Podobnie jak wykorzystano perspektywę zwycięstwa
miłosierdzia Bożego do walki z jego orędownikiem
i zwiastunem – Ojcem Świętym Janem Pawłem II,
tak perspektywa zjednoczenia Polski katolickiej
w obliczu wyborów samorządowych stała się sygna-
łem do brutalnej, totalitarnej walki sił laickich z Radiem Maryja. Suwerenna decyzja Księdza Prymasa,
porządkująca sprawy kościelne we własnej archidiecezji, odnośnie do Radia Józef i Radia Maryja, miała znaczenie wewnątrzkościelne, służyła wzmocnie-
niu siły wszystkich mediów katolickich. Ksiądz
Prymas, troszcząc się o dobro Kościoła w Polsce, miał
prawo wzmocnić znaczenie Radia Józef, które nie-
wątpliwie służy jego archidiecezji. Media laickie aler-
gicznie reagują na wszelkie próby porządkowania,
wzmacniania mediów, aby lepiej służyły Kościołowi
i narodowi. Jednoczesne ataki na Radio Maryja prawie we wszystkich lewicowych i laickich mediach
świadczą o tym, że wszystkie one mają centralny
ośrodek kierowania przeciw katolickiej Polsce i Kościołowi katolickiemu. W chwili tak brutalnej walki tym bardziej powtórzmy słowa Pana Jezusa: „Ufaj-
cie, Jam zwyciężył świat. Nie bójcie się, Ja jestem
z wami". Toteż odpowiemy Panu Jezusowi wszyscy:
„Jezu, ufam Tobie".

„Nasz Dziennik" z 10 września 2002 r.

Kościół święty trwa i trwać będzie

Ks. bp Edward Janiak, sufragan wrocławski

Materiały publikowane w prasie na temat pomówień Księdza Prymasa i Ojca Dyrektora Radia Maryja są mi znane. Dla mnie są to kości rzucone do gryzienia, aby odwracać uwagę obywateli od spraw zasadniczych, zwłaszcza teraz, w okresie bezpośrednim przed wyborami do samorządów.

Publikacje te, a zwłaszcza ostatnie zamieszczone w tygodniku „Wprost", są dowodem braku rozumienia Kościoła i świadczą o dużej ignorancji piszących. Śmiem twierdzić, że jest to metodyczna niewiedza. Osobiście uważam, że tzw. urabianie opinii Księdzu Prymasowi, którego wierni Kościoła znają od wielu już lat, jest nie tylko krzywdzące, bo rozmijające się z prawdą, ale i ubliżające. Ksiądz Prymas zna dobrze prawo kanoniczne i zakres swoich kompetencji – tu chyba nikt z rozsądnie myślących ludzi nie ma wątpliwości.

Ojciec Dyrektor, mając swoich przełożonych zakonnych, spełnia, tak jak potrafi, powierzoną mu misję. A co do dopatrywania się rzekomego rozłamu w Kościele, jest to pozorowanie tworzone przez media. Wystarczy popatrzeć na zamieszczony we „Wprost" *Test wiary – sprawdź, czy należysz do Kościoła*, który jest ewidentną sztuczką dziennikarską na bardzo niskim poziomie. Nie pierwsze to próby szkodzenia Kościołowi i pewnie nie ostatnie. A Kościół święty trwa i trwać będzie, bo nie na ludzkim fundamencie jest zbudowany.

„Nasz Dziennik" z 19 września 2002 r.

Najważniejsza jest jedność celu

Ks. bp Zbigniew Kiernikowski, ordynariusz siedlecki

Przyznam, że podczas 20-letniego pobytu na Zachodzie nie spotkałem się z tak brutalnymi atakami na Kościół i jego przedstawicieli czy z tak brutalnymi formami manipulowania społeczeństwem przez czasopisma, które pretendują do pewnego poziomu w dziedzinie informacji. Owszem, i tam toczą się spory, przybierają one niekiedy ostrą formę, ale dzieje się to bardziej na płaszczyźnie politycznej lub społecznej.

Zbieżność podobnych w formie i wymowie artykułów w kilku tytułach, ich obłudne pozorowanie troski o Kościół, język, a nawet niewybredny, świadczący wręcz o braku elementarnego poczucia estetyki i kultury, sposób zilustrowania jest charakterystyczny dla pewnego rodzaju propagandy. Można wywnioskować, że nie stało się to przez przypadek. Narzuca się myśl o manipulacji obliczonej na prowokację i destrukcję. W dekrecie Księdza Prymasa nie znalazłem słowa o Radiu Maryja, problem Biur Radia Maryja pojawia się w dołączonym do dekretu piśmie księdza biskupa Piotra Jareckiego. Sam dekret jest próbą uregulowania działalności różnych instytucji i organizacji na terenie archidiecezji, które dotyczą głoszenia Słowa Bożego, przepowiadania i ewangelizacji. Biskup na swoim terenie ma prawo regulować sprawy, które wpływają na kształtowanie mentalności, postaw, a więc to wszystko, co jest związane z życiem moralnym i instytucjonalnym danej diecezji, także łączące się z tym kwestie finansowe. Jest to zupełnie uzasadnione. Z tego, że ktoś ustanawia Instytut Archidiecezjalny Środków Przekazu i promuje diecezjalne Radio „Józef" nie wynika, że jest to próba likwidacji czy ograniczenia wpływów Radia Maryja. Na terenie mojej diecezji działa Katolickie Radio Podlasie, słuchane jest również Radio Maryja i wiem, że taki pluralizm ubogaca, daje możliwość zaspokajania potrzeb różnych grup społecznych, a najważniejsza jest jedność celu – promowanie określonych wartości, pomaganie w realizacji życia chrześcijańskiego.

To jednak w niektórych kręgach, jak zauważyłem, budzi sprzeciw. Daje się tu zauważyć pewna tendencja, obecna także na Zachodzie. Jeśli coś pochodzi z kręgów lewicowych, chociaż jawnie dyskryminuje pewne grupy i jest czasem konserwatywne, zyskuje nazwę demokratycznego, jest oklaskiwane i promowane przez najbardziej wpływowe media. Przeraża mnie to, co jest promowane dla przykładu w telewizji – sposób zachowania przekraczający wszelkie reguły dotychczas jakoś powszechnie akceptowane. Z łatwością jest lansowane to, co ma niezwykle destruktywny wpływ na społeczeństwo. To zaś, co pochodzi ze strony prawicowej, zbliżonej do Kościoła, gdy odwołuje się do wartości moralnych, godności człowieka, szczególnie w ujęciu chrześcijańskim, zawsze komentowane jest negatywnie, nadaje się temu etykietę konserwatyzmu, zacofania. Ludzie normalni, mający poczucie odpowiedzialności za swe życie, jakąś hierarchię wartości, żyjący w normalnych rodzinach, są tam prawie nieobecni, ewentualnie traktowani jako jakaś anomalia.

„Nasz Dziennik" z 16 września 2002 r.

■ Odwrócić uwagę od ważnych spraw

Ks. abp Józef Michalik, metropolita przemyski, zastępca przewodniczącego Konferencji Episkopatu Polski

Sądzę, że na ostatnie wydarzenia związane z „burzą prasową", jaka zaistniała na tle uzasadnionego zarządzenia arcybiskupa warszawskiego wobec grup nieformalnych zwanych Rodzina Radia Maryja, trzeba patrzeć głębiej i szerzej. Po pierwsze fakt ten został wykorzystany wyraźnie do ataku na Radio Maryja, co pośrednio ujawnia rolę i wartość tego Radia, które stanowi ważną społeczną siłę i ma poważną wartość, ponieważ pełni wiarygodną rolę formacyjną w chrześcijańskim społeczeństwie.

Warto przypomnieć, że zarówno grupy Rodziny Radia Maryja, jak i samo Radio Maryja – rozgłośnia katolickiego zakonu, cieszą się zaufaniem Kościoła, ale ponieważ Radio kieruje swój program do całego kraju, nie może czuć się niezależne od lokalnych pasterzy Kościoła i powinno uzgodnić zasady funkcjonowania z biskupami, co jak wiemy, w wielu wypadkach miało miejsce. Nie mam wątpliwości, że jest do pogodzenia istnienie oraz poparcie moralne i materialne zarówno Radia Maryja, Józef, Fara, Via czy Ave Maryja, które będą realizować swe zadania w poszczególnych diecezjach.

Nagłośniony konflikt wskazuje jednak na złożoność naszej polskiej sytuacji. Fakt, że laickie środki masowego przekazu nie były i nie są przyjazne Kościołowi, jest powszechnie znany i trudno się temu dziwić. Trzeba pamiętać, że wypowiadając swe opinie na temat Kościoła, prezentują one inny sposób myślenia, posługując się przy tym innym językiem. Sądzę, że jest to wielki dramat współczesnych mediów nie tylko w Polsce. Trzeba też dodać, że media te są często w rękach polityków, nierozumiejących Kościoła i niestarających się go zrozumieć. Niekiedy boją się oni Kościoła, uważając go za siłę polityczną, a bywa, że są do niego wrogo nastawieni. W tej sytuacji należałoby im pomóc zrozumieć, że nie chodzi o uszczuplenie czy ograniczenie ich praw, ale o prawo do istnienia także dla innych. Trudne zadania są pasjonujące, ale to w obliczu ataków na Kościół katolickie środki masowego przekazu powinny zachować cierpliwość i spokój. Myślę, że właśnie w tych środowiskach – najbardziej dziś zagrożonych i atakowanych – powinni wyrosnąć przyszli święci, ludzie heroicznej wiary i miłości, także wobec nieprzyjaciół, inaczej myślących, a nawet wobec czyniących krzywdy. Tacy święci są bardzo dziś potrzebni. Atak prowadzony przez liberalne media na katolicką naukę moralności, na prawa narodu chrześcijańskiego w nowoczesnym państwie budowanym w perspektywie zjednoczenia Europy jest atakiem nie tylko na Radio Maryja, ale na cały Kościół katolicki. Ale i ludziom wierzącym nie zawsze jest łatwo zrozumieć kryteria myślowe czy lęki niewierzących. Wśród nich przecież są także ludzie uczciwi, prawi, bezinteresowni, a nawet szukający Boga. Czy wolno im okazywać nieżyczliwość? Radio Maryja od początku szuka formuły, aby być radiem wierzących katolików, nazywa to „głosem katolickim" w naszych domach. I ma do tego prawo. W moim przekonaniu jednak powinno stać się ono nie tylko radiem katolików, ale radiem katolickim w całej pełni, czyli radiem, które jest jednoznacznym głosem Kościoła, przemawiającym jednobrzmiąco z pasterzami tego Kościoła, bez „szeptów" i bez wątpliwości. Czy jest to możliwe i czy jest to realne? Myślę, że tak. Inaczej będziemy ciągle skazani na brak jedności w głosie nauczającego Kościoła. Żeby było jasne, od razu dodaję, że te same kryteria należy stosować do znanych „laicyzujących" środowisk katolickich, które w Polsce są również obecne.

Po tej wypowiedzi nie może zabraknąć słów mego uznania wobec większości mass mediów w Polsce, które wykazały się należytą kulturą swoich ludzi w relacjach z ostatniej pielgrzymki Jana Pawła II do Krakowa.

Dodatkową wdzięcznością należy objąć Radio Maryja za jego pracę formacyjno-katechetyczną (jest ona bowiem bardzo potrzebna i skuteczna), za wielką szkołę modlitwy, którą ono prowadzi, a także za ważne i cenne budzenie podmiotowości w narodzie, wioskach i miastach oraz wśród Polaków poza granicami kraju.

Prawdy głoszone przez Kościół bywają trudne dla wszystkich, także dla wyznawców Jezusa Chrystusa. Trzeba jednak pamiętać, że zawsze są piękne i dobre, a stają się one łatwiejsze, gdy panuje atmosfera dobra, miłości, poczucie wspólnoty i solidarności międzyludzkiej. Warto więc zrobić wszystko, by Radio Maryja miało stuprocentową tożsamość i poparcie całego Kościoła. Mam świadomość, że trudności będą, ale chcemy mieć je razem – wspólnie.

„Nasz Dziennik" z 19 września 2002 r.

Radio Maryja prowadzi piękną
i skuteczną ewangelizację

Ks. abp Bolesław Pylak z Lublina

Zapoznałem się z czasopismem „Wprost" z 15 września br. i z artykułem pt. *Rozłam w Kościele. Kościół toruńskokatolicki kontra Kościół rzymskokatolicki.* W tym artykule utożsamiono ojca Rydzyka z Marcinem Lutrem. Rzeczywiście – rewelacja. Tylko pogratulować dyrektorowi Radia Maryja takiego awansu, a redakcji „Wprost" słowa uznania za treść wypowiedzi, która zasługuje na miano szczytu głupoty. Za czasów okupacji niemieckiej wychodził dziennik, który nazywaliśmy pieszczotliwie „szmatławiec". Umieliśmy czytać zawarte w nim informacje. Zwykle odczytywaliśmy je wprost odwrotnie do intencji redakcji. Myślę, że i to, co pisze „Wprost", należy podobnie komentować.

Radio Maryja prowadzi piękną i skuteczną ewangelizację, jest bodaj jedynym środkiem przekazu społecznego niesprzedanym obcej agenturze. Głosi prawdę Bożą, dlatego jest tak atakowane przez diabelsko-masońskie ośrodki prowadzące walkę z Kościołem katolickim. Przedstawiciele ich niech wiedzą o tym, że Radio Maryja jest własnością Kościoła i mecenasem jego jest katolickie społeczeństwo naszego narodu. Wdzięczni jesteśmy tym, którzy pracują w nim, często bezinteresownie. Dlatego „sursum corda" – w górę serca i Alleluja, czyli chwalcie Pana. Zestaw zarzutów kierowanych w omawianym artykule pod adresem ojca Rydzyka, wyliczonych pod tytułem *Świat według Rydzyka* jest bardzo interesujący. Nie będę ich komentował. Warto je przeczytać, bo są to rzeczywiście poważne zagrożenia dla naszego narodu. Mówiąc krótko, ojciec Rydzyk głosi prawdę. Podpisuję się obu rękoma pod jego stwierdzeniami, bo są zgodne z Ewangelią. Dlatego możemy być spokojni, ojciec Rydzyk nie spłonie jako heretyk na stosie. Zapisuje się natomiast pięknie w dziejach naszego Kościoła jako świadek Chrystusa, któremu służy na wzór Jego i naszej Matki Maryi. Oczywiście nie jest osamotniony. Jesteśmy z nim wszyscy, którym dobro Kościoła i naszego narodu leży na sercu.

„Nasz Dziennik" z 12 września 2002 r.

■ **„Nie lękajcie się!"**
Ks. prof. dr hab. Janusz Nagórny

W obliczu nowych – a przecież „starych" co do arsenału – pomówień i fałszywych oskarżeń Radia Maryja, a zwłaszcza dyrektora tej rozgłośni, ojca Tadeusza Rydzyka, trzeba najpierw gorąco apelować o wewnętrzny, duchowy pokój. Trzeba sobie i innym powtarzać to, co tak niedawno mówił do nas wszystkich Ojciec Święty: „Nie lękaj się! Przestań się lękać!".

Tak sobie myślę, że te swoiście zmasowane ataki (przypadkowa zbieżność?) z wybranych środowisk dziennikarskich, dzielnie wspierane przez niektórych katolików, którym z ust nie schodzi słowo „tolerancja" – zapewne „wybiórcza", bo przecież nie odnosi się do tych „gorszych" katolików – mają właśnie na celu zastraszenie Kościoła, aby we wszystkim poddał się światu, aby przestał być „znakiem sprzeciwu".

Zastanawiam się, dlaczego ten atak następuje w tak nieodległym czasie od pielgrzymki Jana Pawła II, kiedy nawet te wrogie Kościołowi media wydawały się złagodzić ostrze swojej propagandowej wojny z Kościołem, a dokładniej z jego nauczaniem moralnym. Wydaje się, że jest to przejaw ich rozczarowania. Myśleli, że już sobie „urobili" Papieża, że będzie całkowicie po ich stronie, a on im mówił o „hałaśliwym liberalizmie" i nie potępiał tych, których rzekomo – wedle ich oczekiwań – miał potępić. Mogliśmy o tym czytać w pewnej redakcyjnej dyskusji, kiedy to nie kryto rozczarowania, że Papież nie podjął pewnych tematów, które mu sugerowano. Więc trzeba kontratakować, by nie dopuścić do pełnego odczytania orędzia papieskiego, by Kościół zajął się sam sobą, a nie „wtrącał się" do spraw „ich świata".

Czy mamy się poddać takiej propagandowej nagonce? Nie! Czy mamy się tylko bronić? Też nie! Więc co? Zbieram myśli w kilku punktach, by zaprosić wszystkich, którzy naprawdę kochają Kościół, do dyskusji.

1. Ojciec Święty uczy nas kochać Kościół. To Kościół Jezusa Chrystusa. To nie jest – choć tak czasami piszą – Kościół Jana Pawła II, mimo że zapewne swoim pontyfikatem wyciska na nim znamię swojej wiary w Chrystusa. To nie jest także Kościół któregokolwiek z biskupów, kapłanów ani też nikogo ze świeckich. Więc nie jest to także – jak chcieliby dziennikarze – Kościół Księdza Prymasa czy też ojca Tadeusza Rydzyka. Wierzę głęboko, że obydwaj kochają Chrystusa i Jego Kościół, na-

wet jeśli różnią się w podejściu do wielu praktycznych kwestii. Tymi różnicami się nie gorszę, uważam je za rzecz normalną, dopóki nie staje się to źródłem faktycznych, trudnych do przezwyciężenia podziałów.

2. Nie dajmy się podzielić! Nie może być tak, że linię Kościoła będą wyznaczać ci, którzy nawykli do ideologii walki klas. Sami nie mogąc obyć się bez przeciwnika, próbują wedle tej wstecznej ideologii przeciwstawić sobie wzajemnie w Kościele to, co jest tylko zróżnicowaniem, co powinno prowadzić do uzupełniania się. Nie dajmy się podzielić przez tych, którzy o Kościele piszą, ale go nie kochają. To fałszywi obrońcy Kościoła i Księdza Prymasa! Wystarczy tylko pamiętać to, co wypisywali na temat księdza kardynała Glempa w poprzednich latach.

3. Proszę najpierw o większą powściągliwość i szukanie zgody przez tych, którzy są „pierwszymi osobami dramatu". Zanim skrzyknie się swoich zwolenników „do boju", może warto pomyśleć o pułapkach obecnej sytuacji, zastawionych przez przeciwników Kościoła. Powiem wprost, co myślę, choć mogę być źle zrozumiany. To nie jest tylko atak na ojca Tadeusza Rydzyka i na Radio Maryja. To jest także pośrednio atak na Księdza Prymasa i na cały Kościół w Polsce. To jest element tej strategii, która już zadziałała w innych krajach (np. w Irlandii), a która ma na celu osłabienie Kościoła katolickiego, a zwłaszcza jego wpływu na życie społeczne.

4. Będę wciąż uparcie przypominał, że chrześcijanie świeccy mają prawo do zaangażowania politycznego. Co więcej, jak uczył tego Paweł VI w *Octogesima adveniens*, ta sama wiara może prowadzić do

różnych dróg realizacji celów społeczno-politycznych. Nie ma się co wzajemnie obrażać ani też zwalczać. Powiem coś, czym zapewne narażę się obydwu stronom sporu, a co zabrzmi jak „herezja": zarówno wśród zwolenników, jak i przeciwników wejścia Polski do Unii Europejskiej są dobrzy katolicy – prawdziwie odpowiedzialni synowie i córki Kościoła. I Kościół w Polsce nie może obrażać się na nikogo z nich! Proszę usilnie, opowiadając się za jedną z tych opcji, nie zwalczajmy się wzajemnie. Naszym wrogiem nie jest ten, kto ma odmienne zdanie, lecz to zło, które namnożyło się w życiu społecznym – i to jak Europa długa i szeroka.

5. Bardzo mnie niepokoi ta nuta pogardy i lekceważenia pod adresem słuchaczy Radia Maryja. Nawet gdyby to była prawda, że są to ludzie mniej wykształceni czy też nienależący do tzw. elit, to takie pogardliwe odniesienie jest przejawem nie tylko pychy, ale i zdziczenia obyczajów. Zrozumiałbym jeszcze – co nie znaczy, że zaakceptował lub pochwalił! – tę pogardliwą nutę dziennikarzy, bo sporo tych ludzi alienuje się szybko. Ich dziennikarstwo nie jest służbą człowiekowi, lecz określonej ideologii, a dzisiaj jeszcze częściej po prostu bożkowi pieniądza. Nie mogę jednak zrozumieć tej pogardy ze strony pasterzy – tak niektórych biskupów, jak i kapłanów. Po co ten obraźliwy ton o „lepperyzmie" w Kościele, skoro wiadomo, że nasz szacunek do pasterskiej posługi nie pozwoli „oddać pięknym za nadobne"? Oczekujemy na ojcowskie podejście, nawet na ojcowskie pouczenie, ale ze zdziwieniem odbieramy to podejście z pozycji wyniosłego paternalizmu i besserwisseryzmu. W dobie dzisiejszego

kryzysu autorytetu każdy, kto domaga się posłuszeństwa od innych, powinien pytać siebie, czy wystarczająco jasno przedstawia swoje racje, czy potrafi przekonać do swojej wizji innych ludzi. Kiedy ma się jakąkolwiek władzę, powinno się pamiętać o słowach Jezusa: „Nie tak będzie u was. Lecz kto by między wami chciał stać się wielki, niech będzie waszym sługą" (Mt 20, 26). A wracając do tych „biednych" słuchaczy Radia Maryja. Ci sami, którzy utrzymują to Radio, utrzymują też materialnie Kościół w Polsce. To nie ci wielcy krzykacze i „naprawiacze" są co niedziela w kościele i składają ofiary na tacę. Dobrze o tym wiedzą księża, którzy rozwijają ofiarność swoich parafian: kto potrafi dać na pozaparafialne cele, z pewnością łoży też na swoją parafię.

6. Proszę, wprost błagam wszystkich, którym zależy na dobru Kościoła – a w szczególny sposób błagam słuchaczy Radia Maryja, bo ich znam, bo w dużej mierze utożsamiam się z ich poczuciem odpowiedzialności za Polskę – byśmy byli zwyczajnie wielkoduszni, byśmy wznieśli się ponad te wszystkie głupie i płaskie słowa, które papier wytrzymuje, a nasz umysł i serce się buntują. Prawda zawsze zwycięży, a kłamstwo, choć krzykliwe, nie zamieni się przez to w prawdę. Życzę wszystkim cierpliwości jako owocu nadziei: „Nie lękajcie się!".

Te słowa mnie wiele kosztowały. Wyrastają naprawdę z troski o Kościół w Polsce, a nie z jakiejkolwiek chęci „przyłożenia" komuś. Przekazuję je z niepokojem, czy zostanę dobrze zrozumiany. A jednak przekazuję...

„Nasz Dziennik" z 11 września 2002 r.

■ **Oświadczenie Zespołu Troski Duszpasterskiej o Radio Maryja**
Warszawa, 13 września 2002 roku

W dniu 13 września 2002 roku w siedzibie Sekretariatu Konferencji Episkopatu Polski, zgodnie z wcześniejszymi ustaleniami, odbyło się kolejne spotkanie Zespołu Troski Duszpasterskiej o Radio Maryja z przedstawicielami Warszawskiej Prowincji Redemptorystów.

Podczas spotkania przeanalizowano realizację 5. punktu Umowy między Konferencją Episkopatu a Warszawską Prowincją Redemptorystów (z dnia 18 listopada 1994 r.). Wyjaśniono, że w większości diecezji istnieją stosowne umowy określające działanie Radia Maryja i jego biur. Są także diecezje, w umowach z którymi brak ustaleń dotyczących działania biur, jak i takie, z którymi umowy nie zostały zawarte. Zarząd Warszawskiej Prowincji Redemptorystów prowadzi rozmowy mające na celu prawne uregulowanie działania Radia we wszystkich diecezjach.

Zgodnie z punktem 3. Umowy Prowincjał Redemptorystów oświadczył, że w najbliższym czasie przedstawi Sekretariatowi Konferencji Episkopatu Polski znowelizowany projekt Statutu Radia Maryja.

Zespół przyjął z zadowoleniem fakt, że zgodnie z wcześniejszymi ustaleniami Dyrekcja Radia Maryja wydała oświadczenie, iż Radio chce służyć wszystkim Polakom i z tego powodu żadna partia polityczna nie może powoływać się na poparcie Radia.

Jednocześnie Zespół wyraża głębokie zaniepokojenie podjętą w mediach kampanią, która pragnie narzucić szerokiej opinii publicznej wizję Kościoła katolickiego w Polsce podzielonego, co nie odpowiada rzeczywistości.

Ustalono termin następnego spotkania.

ks. bp Sławoj Leszek Głódź

ks. bp Marian Gołębiewski

ks. bp Andrzej Suski

ks. bp Stanisław Wielgus

ojciec Zdzisław Klafka, Prowincjał Redemptorystów

■ **Komunikat Zespołu Wspierania Radia Maryja w Służbie Bogu, Kościołowi i Narodowi Polskiemu**

W dniu 14 września 2002 roku w Warszawie odbyło się kolejne zebranie członków Zespołu Wspierania Radia Maryja. W wyniku dyskusji i przeprowadzonej oceny Zespół postanowił wydać „Komunikat" o następującej treści:

1. Prawie bezpośrednio po zakończeniu niedawnej pielgrzymki Ojca Świętego do Polski nastąpił zmasowany atak liberalnych mediów na Kościół, Ojca Świętego, Księdza Prymasa, ojca Tadeusza Rydzyka i Radio Maryja. Te działania przybrały charakter sterowanej akcji realizowanej przez medialnych terrorystów. Owi pseudopublicyści w swych artykułach już nie tylko naruszają zasady uczciwego dziennikarstwa, ale powszechnie operują kłamstwem, przeinaczaniem faktów, wyrywaniem słów z kontekstu, oszczerstwa-

mi itp. A celem tego, opartego na manipulacji działania, jest przede wszystkim osłabienie Kościoła a zwłaszcza jego wpływu na życie społeczne. Zapewne zbliżające się wybory oraz przyszłoroczny termin referendum w sprawie Unii Europejskiej zmobilizowały medialnych terrorystów i ich inspiratorów do tak intensywnego działania przeciwko Kościołowi katolickiemu w Polsce i przeciwko tak znaczącemu środkowi społecznego przekazu, jakim jest Radio Maryja. Oni po prostu boją się głosu prawdy, jaki może przekazywać Kościół i jaki płynie z radioodbiorników nastawionych na częstotliwości tejże rozgłośni. I dlatego owi medialni terroryści wykorzystują media do prześladowania katolików i Kościoła katolickiego w Polsce.

2. Zdajemy sobie sprawę z tego, iż nagonka medialna jest nieskuteczna w stosunku do słuchaczy Radia Maryja. Oni bowiem, słuchając audycji Radia Maryja, uczestnicząc w działalności Rodziny Radia Maryja, znają prawdę o tej rozgłośni i kłamstwu – opakowanemu nawet w najbardziej kolorowe okładki – nie uwierzą. Tych zaś, którzy dotychczas nie słuchali Radia Maryja, a czytali owe artykuły wymierzone przeciwko Radiu, wzywamy: nie poddawajcie się manipulacji. Najlepiej i najprościej jest samemu sprawdzić, czy to, co jest opisywane w owych artykułach, ma jakieś znamiona prawdy, czy jest tylko zbiorem faktów prasowych, nie przystających do rzeczywistości. Wystarczy włączyć swój radioodbiornik na częstotliwość, na której usłyszy się „katolicki głos w swoim domu". Radio Maryja nie obawia się tej weryfikacji. Prawdę można poznać tylko w ten sposób. Prawda demaskuje kłamstwo.

3. Jako katolicy stale doświadczamy obrażania naszych uczuć religijnych w wielu środkach przekazu w Polsce. Autorzy owych publikacji, fotografii, plakatów wiedzą dobrze, iż mogą być bezkarni. Jakiekolwiek podjęcie przez nas działań prawnych w kierunku ukrócenia tego procederu prowadzi do ciągnących się latami procesów. Podczas nich następuje dalsze obrażanie naszych uczuć religijnych, wyśmiewanie itp. Ułomność prawa w tym zakresie oraz sposób jego egzekwowania przez prokuratorów i sędziów jest powszechnie widoczna. Jakże więc można przeciwdziałać coraz bardziej panoszącemu się złu? Zło dobrem trzeba zwyciężać. To dobro w realizacji społecznej polega przede wszystkim na skutecznym zorganizowaniu się wówczas, gdy nam – jako członkom społeczeństwa – stawiane jest pytanie: „Jakiej władzy chcemy?" Trzeba więc naszego, czyli katolików, skutecznego działania w każdych wyborach: samorządowych, parlamentarnych, prezydenckich. Dobrze stanowione prawo – to pierwszy krok ku naprawie Rzeczpospolitej. Także w tym zakresie. Mogą je bowiem stanowić ludzie prawego sumienia.

4. W ostatnim okresie przeprowadzany zmasowany atak na Radio Maryja i Ojca Dyrektora wywołany jest zapewne i tym, iż ta rozgłośnia i piękne dzieła wyrosłe w jej klimacie dobrze świadczą o naszych wspólnych umiejętnościach organizacyjnych. Powstała bowiem skuteczna organizacja, niezależna od reklamodawców, od dotacji, od finansów globalnego biznesu. Jest za to wspierana ofiarami swoich słuchaczy. Dzięki temu może głosić prawdę. Najlepszą więc na-

szą odpowiedzią na ten medialny atak niech będzie jeszcze hojniejsze wspieranie działalności Radia Maryja. Wspierajmy je naszą modlitwą, ofiarami, również pieniężnymi. Niechaj w klimacie tworzonym przez Radio Maryja wzrastają kolejne dobre dzieła.

5. Na zakończenie tego „Komunikatu" członkowie Zespołu Wspierania Radia Maryja wyrażają wdzięczność Ojcu Prowincjałowi Warszawskiej Prowincji Redemptorystów oraz Ojcu Dyrektorowi Radia Maryja za to, iż zostaliśmy przyjęci przez Nich i mogliśmy przekazać osobiście rezultaty zebrania.

Warszawa, 14.09.2002 r.

Podpisali członkowie Zespołu Wspierania
Radia Maryja obecni na zebraniu:
prof. dr hab. inż. Janusz KAWECKI (przewodniczący)
prof. dr hab. Włodzimierz BOJARSKI
prof. dr hab. Zbigniew JACYNA-ONYSZKIEWICZ h.c.
dr hab. Mirosław KOZŁOWSKI prof. UW
prof. dr hab. Aleksander H. KRZYMIŃSKI
prof. dr hab. Janina MARCIAK-KOZŁOWSKA
prof. dr hab. Leon MIKOŁAJCZYK
prof. dr hab. Anna RAŹNY
prof. dr hab. Kazimierz TOBOLSKI
prof. dr hab. inż. Jacek WALCZEWSKI
dr inż. Antoni ZIĘBA

Informacje
o Radiu Maryja

Adres i telefony

ul. Żwirki i Wigury 80,   87–100 Toruń

Sekretariat	(0-*prefiks*-56) 610 81 00
Fax	(0-*prefiks*-56) 610 81 51
Antena:	
dla słuchaczy z Polski płn.	(0-*prefiks*-56) 655 23 55
dla słuchaczy z Polski płd.	(0-*prefiks*-56) 655 23 56
dla słuchaczy za granicą:	(+48) (56) 655 23 33
	(+48) (56) 655 23 66
Dom Słowa	(0-prefiks-56) 610 71 00

Internet

http://www.radiomaryja.pl

e-mail: radio@radiomaryja.pl

Gdzie można nas usłyszeć

- **Na falach krótkich**

codziennie w godzinach od 7:00 do 9:15

w niedzielę od 8:00 do 10:00

oraz od 17:00 do 24:00 w paśmie 25 m i 41 m

Dokładne aktualne informacje o odbiorze na falach krótkich podawane są na antenie i na stronie internetowej Radia Maryja.

- **W Polsce**
– fale UKF FM

- **Od bieguna północnego do Afryki
i od Uralu do Wysp Kanaryjskich**
– satelita HOD BIRD 13°, 11,471 MHz (TV Polonia)
i podnośna fonii 7,92 MHz

- **W Ameryce Północnej (od Alaski do Kuby)**
– satelita ECHOSTAR III 61,5° W, kanał 664, system Direct Broadcast Satellite (DBS) cyfrowa jakość dźwięku (digital). Całodobowy odbiór programu Radia Maryja umożliwia zestaw satelitarny Dish Network (1 dish + receiver). Urządzenie wraz z instalacją można zamawiać pod numerem telefonu: 1-800-333-3474. Informacje można również uzyskać w biurze Radia Maryja w Chicago: tel. 1-773-385-8472; fax 1-773-385-5631

Radio Maryja w USA

- **Chicago (IL): AM 1080 kHz – Radio WNWI**
Poniedziałek – sobota: 7:00 PM – 8:00 PM
Niedziela: 6:00 PM – 8:00 PM

- **Detroit (MI): AM 690 kHz – Radio WNZK**
Środa – niedziela: 8:00 PM – 9:00 PM

- **Floryda (FL): AM 980 kHz – Radio WHSR**
Sobota – niedziela: 7:30 PM – 8:30 PM

- **New Britain (CT): AM 1120 kHz – Radio WPRX**
Sobota – niedziela: 8:00 PM – 9:00 PM

- **New York (NY): AM 1430 kHz – Radio WNSW**
Piątek: 8:00 PM – 9:00 PM
Sobota: 8:30 PM – 9:30 PM

- **Phoenix (AZ): AM 1100 kHz – Radio KFNX**
Sobota – niedziela: 6:00 PM – 7:00 PM

Radio Maryja w Kanadzie

- **London (ONT): AM 1410 kHz – Radio CKSL**
poniedziałek – niedziela: 8:00 PM – 9:00 PM

- **Toronto (ONT): AM 1320 kHz – Radio CJMR**
poniedziałek – niedziela: 8:00 PM – 9:00 PM

- **Winnipeg (MB): AM 810 kHz – Radio CKJS**
poniedziałek – niedziela: 7:00 PM – 8:00 PM

Radio Maryja

utrzymuje się tylko z dobrowolnych ofiar. To
stanowi o jego sile i niezależności. Pomóż i Ty,
jeśli chcesz, aby istniało i rozwijało się.

- **Konta złotówkowe:**
– PKO BP II/O Toruń nr 10205011-16577-270-1
– Bank Pocztowy S.A. I/O Toruń
nr 13201263-61580-27006-100-0/0
Z dopiskiem: Dar dla Radia Maryja w Toruniu

- **Konto w Niemczech:**
Marianische Pilger GEM nr 105300339
BLZ 79363016 Raiffeisen-Volksbank, Rhön-Grabfeld

- **Konto w USA:**
RADIO MARYJA, P.O.BOX 39565, CHICAGO IL
6063900565 (najlepiej czeki bankowe, personalne albo tzw. „Money Orders")

- **Konto w Kanadzie:**
St. Stanislaus – St. Casimir's
Polish Parishes – Credit Union Limited
40 John St.
Oakville, ONT L6K 1G8
Numer konta: 84920

Za każdą złożoną ofiarę z całego serca Bóg zapłać! Codziennie odprawiamy Msze święte i modlimy się w intencji Ofiarodawców.

Dyrektor Radia Maryja

Spis treści